2019

广东技术市场统计年报

广东省生产力促进中心　编著

暨南大学出版社
JINAN UNIVERSITY PRESS

中国·广州

图书在版编目（CIP）数据

2019 广东技术市场统计年报／广东省生产力促进中心编著 . —广州：暨南大学出版社，2019.12
ISBN 978 – 7 – 5668 – 2838 – 5

Ⅰ.①2…　Ⅱ.①广…　Ⅲ.①技术市场—统计资料—广东—2019　Ⅳ.①F723.84

中国版本图书馆 CIP 数据核字（2019）第 293233 号

2019 广东技术市场统计年报
2019 GUANGDONG JISHU SHICHANG TONGJI NIANBAO
编著者：广东省生产力促进中心

出 版 人：徐义雄
责任编辑：晏礼庆　陈俞潼
责任校对：张学颖　陈皓琳　刘宇韬
责任印制：汤慧君　周一丹

出版发行：暨南大学出版社（510630）
电　　话：总编室（8620）85221601
　　　　　营销部（8620）85225284　85228291　85228292（邮购）
传　　真：（8620）85221583（办公室）　85223774（营销部）
网　　址：http：//www.jnupress.com
排　　版：广州市天河星辰文化发展部照排中心
印　　刷：广州市快美印务有限公司
开　　本：890mm×1240mm　1/16
印　　张：7.75
字　　数：120 千
版　　次：2019 年 12 月第 1 版
印　　次：2019 年 12 月第 1 次
定　　价：98.00 元

（暨大版图书如有印装质量问题，请与出版社总编室联系调换）

指导委员会

杨　军　　陈金德　　陈国庆　　王厚华　　周　彧

撰写组

徐　军　　周宇英　　赖　婷　　罗春兰　　张宗法

王　田　　罗　祥　　吴幸雷　　邓　媚　　陈　程

内容简介

《2019广东技术市场统计年报》针对2018年度广东省技术合同签订、知识产权、技术领域、科技计划项目进入技术市场、技术输出吸纳、技术合同服务社会—经济目标等情况，进行深入的分析，总结了全省技术交易特点和存在问题；阐述了全省21个地市技术交易情况、粤东西北地区等技术交易支撑全省经济发展情况；研究了广东省高等院校和科研机构技术交易情况；调查和分析了技术（产权）交易机构、技术卖方机构和国家技术转移示范机构促成技术交易情况。

本书可作为科技管理人员、技术市场和技术转移从业人员的工具书，为政策制定、体系建设、交易规范等提供重要的数据参考依据。

　　技术市场是反映技术交易规模、水平、状况的主要途径，技术市场统计是掌握技术交易状况的一项重要科技基础性工作，对于了解技术市场动态，指导技术市场发展发挥了重要作用。通过技术市场统计和数据分析，可以为政府部门制定技术市场政策法规与发展规划、有针对性开展技术市场工作提供决策参考，也可以让社会公众及时、准确、全面地了解技术交易状况。

　　国家科委与国家统计局自1986年启动全国技术市场统计工作，第一次获得了我国技术市场状况的主要数据。统计每年进行一次，统计每年1月1日至12月31日的数据。统计对象和范围为进入技术市场的技术合同认定登记情况、技术交易机构情况，内容涉及技术交易中技术合同签订情况、知识产权情况、技术领域情况、科技计划项目进入技术市场情况、技术输出吸纳情况、技术合同服务社会—经济目标情况以及技术交易机构基本情况、人员情况、技术交易和技术转移情况等。

　　广东技术市场统计是全国技术市场统计的有机组成部分和主要内容之一，是配合科技部开展全省技术市场工作。全省技术市场统计由广东省科学技术厅科技成果与区域创新处负责牵头组织实施，广东省生产力促进中心和广东省技术市场协会具体承担数据收集、审核、汇总、分析等工作。各地市科技行政管理部门负责本区域内技术合同认定登记机构和技术交易机构的填报。

　　2018年广东省技术市场统计工作涉及全省21个地市、63个技术合同认定登记机构和33家技术交易机构。《2019广东技术市场统计年报》（以下简称《年报》）分析广东省的数据均来自统计数据和《广东统计年鉴 2019》，国家数据如无特别说明均来自《2019全国技术市场统计年报》。本《年报》所涉及的地区具体划分为：珠三角地区指广州、深圳、珠海、佛山、江门、东莞、中山、惠州和肇庆；粤东地区指汕头、汕尾、潮州和揭阳；粤西地区指湛江、茂名和阳江；粤北地区指韶关、河源、梅州、清远和云浮。

本书由徐军负责统筹和协调，周宇英负责策划、审稿和撰写前言、第一章，赖婷负责统稿和撰写第四、五章，罗春兰负责撰写第二、三章，张宗法负责撰写第六章和附录，王田负责校稿。

本书在撰写过程中，得到广东省科学技术厅相关领导的指导，各地市科技行政管理部门、技术合同认定登记机构和技术交易机构的大力支持，在此一并表示衷心的感谢！

编者

2019 年 12 月

目 录

第一章　技术交易概述

2018 年，是改革开放 40 周年，也是广东科技创新工作的改革创新之年，广东科技综合实力和自主创新能力实现新突破，区域创新综合能力继续保持全国第一，研发投入 2 704.7亿元，占 GDP 比重达 2.78%（附表 1），有效发明专利量、PCT 国际专利申请量及专利综合实力持续居全国首位。2018 年 6 月，广东省获批建设珠三角国家科技成果转移转化示范区，努力把珠三角地区打造成为全国科技成果转移转化基地。

2018 年，随着广东省创新能力持续提升，技术市场规模不断增长，技术交易质量显著提升，技术合同成交额和交易额再创历史新高（图 1 - 1）。2018 年，广东省共认定登记技术合同 23 930 项；合同成交额 1 387.00 亿元，比上年增长 46.08%（附表 2），全国排名第二（附表 1）；合同交易额 1 339.41 亿元，比上年增长 44.24%，全国排名第二（附表 1），平均每项技术合同成交额 579.61 万元，有力地推动了全省技术市场发展，为加速科技成果转移转化，推动珠三角国家科技成果转移转化示范区、粤港澳大湾区国际科技创新中心建设发挥了重要作用。

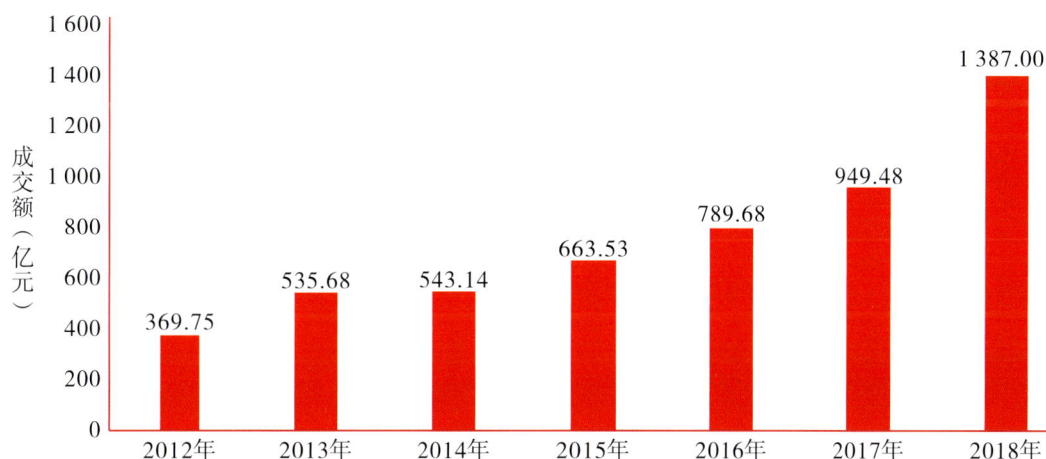

图 1 - 1　2012—2018 年广东省技术合同成交额情况

一、基本情况

（一）技术合同成交额占广东 GDP 比重平稳增长

改革开放 40 年来，广东地区生产总值从 1978 年的 185.85 亿元增加到 2018 年的 9.73 万亿元，从 1989 年起，连续 30 年位居全国第一。广东省技术合同成交额占广东 GDP 比重持续平稳增长，2018 年达 1.43%，技术市场对地区经济发展的贡献稳步增长（表 1 – 1）。

表 1 – 1　2012—2018 年广东省技术合同成交额占广东 GDP 的比重

项目	年份						
	2012	2013	2014	2015	2016	2017	2018
广东技术合同成交额（亿元）	369.75	535.68	543.14	663.53	789.68	949.48	1387.00
广东 GDP（亿元）	57 924.76	63 357.92	68 777.25	73 876.37	80 666.72	89 705.23	97 277.77
广东技术合同成交额/广东 GDP（%）	0.64	0.85	0.79	0.90	0.98	1.06	1.43

（二）技术合同成交额占 R&D 经费比重快速提升

随着创新驱动发展战略的深入实施，广东省研发投入逐年增加，2018 年达到 2 704.70 亿元，技术合同成交额占广东研究与试验发展（Research and Development，R&D）经费的比重快速提升，由 2017 年的 40.51% 提高到 2018 年的 51.28%，增加了 10.77 百分点（表 1 – 2）。

表 1 – 2　2012—2018 年广东省技术合同成交额占广东 R&D 比重

项目	年份						
	2012	2013	2014	2015	2016	2017	2018
广东技术合同成交额（亿元）	369.75	535.68	543.14	663.53	789.68	949.48	1 387.00
广东 R&D 经费（亿元）	1 236.15	1 443.45	1 605.45	1 798.17	2 035.14	2 343.63	2 704.70
广东技术合同成交额/广东 R&D 经费（%）	29.91	37.11	33.83	36.90	38.80	40.51	51.28

（三）技术开发占比超五成

2018 年，技术开发合同成交额 717.45 亿元，同比增长 35.95%，占全省技术合同成交总额 51.73%，居四类合同首位。技术服务合同成交额 353.25 亿元，占全省技术合同成交总额 25.47%；技术转让合同成交额 307.68 亿元，占全省技术合同成交总额 22.18%（附表 2）。技术服务和技术转让占比基本持平，技术开发是广东省技术交易的主要类型（图 1 –2）。

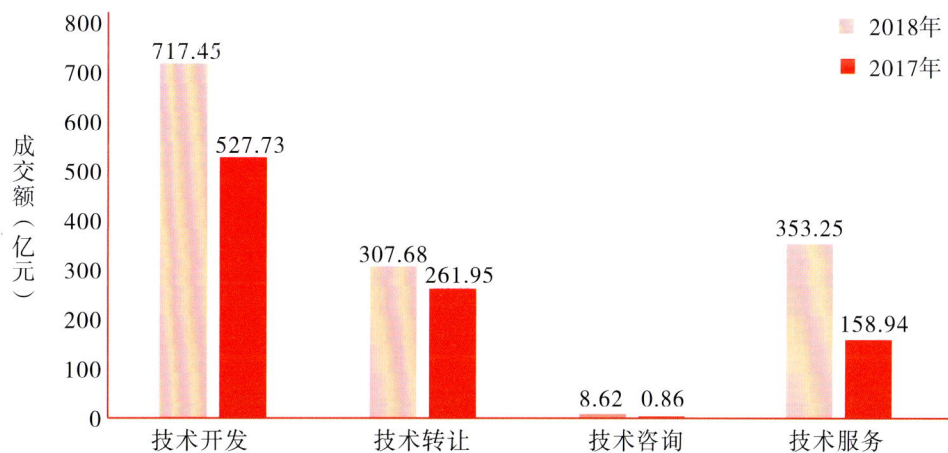

图 1 – 2　2017—2018 年广东省技术合同类别构成

（四）电子信息技术交易继续稳居首位

2018 年，电子信息领域认定登记技术合同 16 434 项，成交金额为 849.87 亿元，比上年增长 21.56%，占全省技术合同成交总额的 61.27%，居全省各领域首位，远超居第二位现代交通领域（9.38%）和第三位城市建设与社会发展领域（8.77%）（附表 5）。

（五）广深领跑全省

2018 年，广州技术合同成交额 719.38 亿元，比上年增长 101.22%，占全省技术合同成交总额 51.87%，位居全省第一；深圳紧跟其后，成交额 576.93 亿元，占全省技术合同成交总额 41.60%。清远增幅最快，成交额为 2.02 亿元，比上年增长 13 183.78%；其次是韶关，成交额 0.75 亿元，比上年增长 1 081.85%（附表 15）。

（六）重大技术合同增幅明显

2018 年，广东省 1 000 万元以上的重大技术合同成交 1 295 项，比上年增长 56.97%；成交额 1 172.48，比上年增长 46.86%，占全省技术合同成交总额 84.53%（附表 7）。

（七）企业输出和吸纳合同成交额超九成

2018 年，企业输出技术合同 19 582 项，成交额为 1 300.99 亿元，比上年增长 45.50%，占全省技术合同成交总额 93.80%；企业吸纳技术合同 18 552 项，成交额为 1 275.42亿元，比上年增长 21.07%，占全省技术合同成交总额 91.96%（附表 9、附表 10、附表 12）。

二、交易特点

（一）战略性新兴产业技术交易活跃

2018 年，全省战略性新兴产业领域（电子信息，生物、医药和医疗器械，新能源与高效节能，新材料及其应用，环境保护与资源综合利用）的技术合同成交额达 1 027.59 亿元，比上年增长 28.17%，占全省技术合同成交总额 74.09%。其中，电子信息领域技术交易保持领先地位，技术合同成交额为 849.87 亿元，占全省技术合同成交总额的 61.27%。新能源与高效节能领域、环境保护与资源综合利用领域技术交易增长快速，成交额分别达 58.84 亿元和 15.92 亿元，比上年增长均超 400%（附表 5）。

（二）技术交易质量稳步提升

2018 年，全省技术合同成交总额中扣除仪器设备、原材料等购置费用后的技术交易额占比 96.57%，全国排名第一，高于全国平均水平（72.96%），同时也比成交额排名第一北京高 14.49 百分点（附表 1）。涉及自主知识产权的成交额占全省成交总额的 53.71%；含金量较高的技术开发合同成交额达 717.45 亿元，占全省成交总额的 51.73%，成交额和交易额均居四类合同首位（附表 3）；1 000 万元以上的重大技术合同成交额达 1 172.48 亿元，占全省成交总额的 84.53%（附表 7）；1 亿元以上的重大技术合同成交额达 889.15 亿元，占全省成交总额的 64.11%，广东省技术交易质量较高。

（三）企业发挥技术交易主力军作用

2018 年，企业继续保持技术市场的主导地位，企业输出成交额 1 300.99 亿元，比上年增长 45.50%，高于全国企业输出技术 34.55% 的增长水平，占全省技术合同成交总金额的 93.80%（附表 10）；企业吸纳技术成交额 1 275.42 亿元，增长 21.07%，比全国企业法人吸纳技术增长水平高 15.82 百分点，占全省技术合同成交总额的 91.96%（附表 12）。全省技术输出排前 3 位的均为高新技术企业，分别为华为技术有限公司、广东宜通世纪科技股份有限公司、广东省电信工程有限公司（附表 30）。

（四）高等院校和科研机构技术交易持续增长

高等院校和科研机构是重要的技术交易供给端。2018 年，高等院校和科研机构通过技术转让、技术入股、产学研合作等方式输出技术 3 478 项，合同成交额 22.79 亿元。其中，科研机构技术交易增幅较大，输出技术 1 146 项，比上年增长 104.28%；成交额 10.93 亿元，比上年增长 82.78%（附表 11）。高等院校科研机构创新资源丰富，技术研发和服务能力快速转移，创造的大量高质量科技成果供给，有力地支撑了以创新为核心竞争力的创新创业和企业发展。

（五）粤港澳大湾区建设为技术转移注入新活力

2018 年，粤港澳大湾区建设升级为国家战略，粤港澳三地依靠技术转移推动项目落地转化，极力打造最具竞争力国际科技创新中心。2018 年，粤港澳大湾区技术输出 23 330 项，成交额 1 359.88 亿元。香港、澳门吸纳技术大幅提升，其中香港签订技术合同 389 项，技术成交额 48.39 亿元，比上年增长 681.61%；澳门签订技术合同 13 项，技术成交额 0.42 亿元，比上年增长 138.61%（表 4－2、表 4－6）。

三、存在问题

（一）技术转移转化效率有待提高

2018 年，广东省技术合同成交额 1 387.00 亿元，居全国第二，技术市场规模较大，占全国成交总额 7.84%，但是与历年稳居排名第一的北京相比，差距明显，北京成交额

4 957.82 亿元，占全国成交总额 28.01%，是广东的 3.57 倍。上海（1 303.20 亿元）位列第三，与广东相近。全国进入千亿省市还有湖北（1 237.19 亿元）、江苏（1 152.64 亿元）、陕西（1 125.28 亿元）、四川（1 004.18 亿元）（附表 1）。

2018 年，全省技术合同成交额占 GDP 比重仅为 1.43%，低于全国平均水平 1.97%，远远落后于北京 16.35%，也低于成交额排名第三的上海（3.99%），在成交额排名前七中仅排第六。全省技术合同成交额占 R&D 经费比重仅为 51.28%，低于全国平均水平 89.94%，远远落后于北京 265.01%，在成交额排名前七中排第六（附表 1）。广东是经济大省，GDP 和 R&D 经费排名双双为全国第一，但是技术交易占比却跌出全国前五，说明了广东技术转移与经济发展严重不匹配，相比于经济发展速度，技术市场的功能和效力未得到充分发挥，技术转移体系仍需进一步发展壮大。

（二）技术交易类型不均衡

2018 年，四类合同中，技术开发合同成交额 717.45 亿元，占全省成交总额的 51.73%，是技术交易的主要类型。技术服务合同成交额占全省成交总额 25.47%，技术转让成交额占全省成交总额 22.18%，技术服务与技术转让基本持平。技术咨询合同成交额仅为 8.62 亿元，占全省成交总额仅为 0.62%，远远低于其他三类合同，也低于全国平均水平 3.19%（附表 2）。

（三）技术交易供给端成交额较少

高等院校和科研机构是重要的技术交易供给端。2018 年，高等院校和科研机构技术合同成交额仅占全省技术合同成交总额的 1.64%。其中，高等院校技术合同成交额 11.86 亿元，占比 0.86%；科研机构技术合同成交额 10.93 亿元，占比 0.79%（附表 11）。2018 年，仅有华南理工大学进入全省技术输出机构前 40 名，居全省技术输出机构第 36 位，输出技术成交额 7.31 亿元，占高等院校技术成交额的 61.64%，其他高等院校技术成交额占比不到四成。全省技术输出机构前 40 名，无一家科研机构上榜（附表 30）。

（四）区域发展不平衡

2018 年，广州、深圳两地技术合同 21 909 项，成交额 1 296.31 亿元，占全省成交总额 93.46%。同处珠三角的另外七市技术合同成交额 83.14 亿元，仅占全省成交总额的 5.99%，粤东西北地区技术合同成交额仅有 7.56 亿元，占比不到 0.55%。肇庆虽处珠三角，但是合同成交额全省排名第十四，远不如云浮、清远、韶关、湛江、揭阳、梅州等粤东西北地区，区域发展严重不平衡（附表 15）。

第二章　技术合同构成

一、合同类别构成

2018 年，技术咨询合同大幅增长，技术服务、技术开发、技术转让合同均呈现快速增长态势。技术开发合同成交额位居第一，占全省技术合同成交总额的 51.73%，成为技术交易的主要方式，技术服务和技术转让占比基本持平。技术咨询合同成交额比上年增长高达 902.33%，但合同成交额为 8.62 亿元，仅占全省技术合同成交额的 0.62%，远远低于其他三类合同；技术服务合同成交额增幅排名第二，成交额为 353.25 亿元，比上年增长 122.25%。全国技术合同中，54.44% 的技术合同为技术服务合同，技术服务为交易的主要类型，技术开发合同只占 33.27%（图 2-1、附表 2、附表 3）。

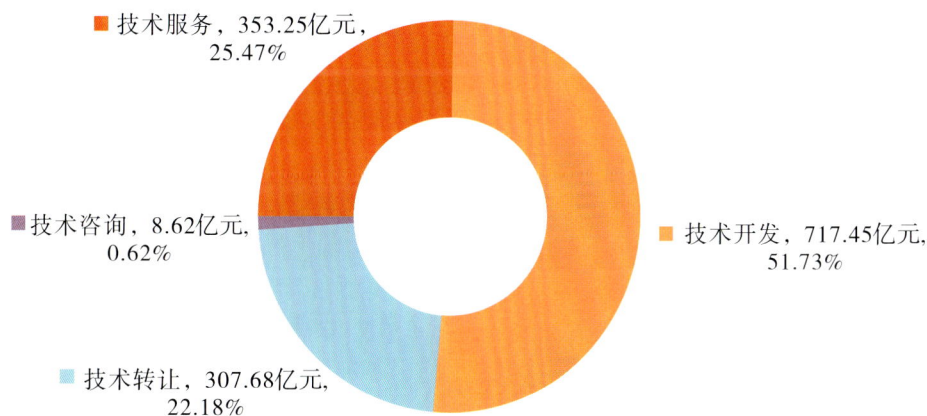

图 2-1　2018 年广东省技术合同类别构成

（一）技术开发合同

技术开发合同稳步增长，占比超五成。2018年，全省共认定登记技术开发合同15 242项，成交额717.45亿元，比上年增长35.95%，高于全国24.01%的增长水平，占全省成交总额的51.73%。其中，委托开发合同成交14 728项，成交额631.65亿元，比上年增长59.93%，占技术开发合同成交额的88.04%；合作开发合同仅成交514项，成交额85.80亿元，比上年下降35.38%，只占技术开发合同成交额的11.96%，委托开发合同成交额是合同开发合同的7.36倍之多，远远超过合作开发合同，两类合同所占比重与全国情况大体相同（图2-2、附表2、附表3）。

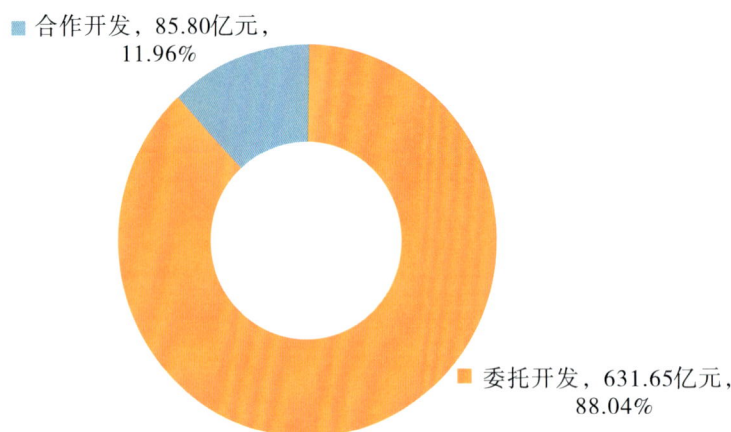

合作开发，85.80亿元，11.96%

委托开发，631.65亿元，88.04%

图2-2　2018年广东省技术开发合同类别构成

（二）技术转让合同

技术转让合同所占比重略有下降。2018年，广东省共认定登记技术转让合同1 406项，成交额307.68亿元，占全省技术合同成交总额的22.18%，比上年所占比重下降了5.41百分点，成交额比上年增长17.46%，高于全国14.96%的增长水平（附表2）。

技术转让合同中，广东省和全国最主要的交易方式均为技术秘密转让，合同成交额204.25亿元，比上年增长6.83%，占技术转让合同的66.38%；专利实施许可转让合同成交额77.57亿元，比上年增长28.75%，占技术转让合同的25.21%，位居第二，与全国排位一致。专利权转让合同成交额17.16亿元，比上年增长208.63%，远远高于全国22.33%的增长水平，占技术转让合同的5.58%。生物、医药新品种权转让成交额增幅最大，高达400.00%；其次为计算机软件著作权转让，比上年增长298.72%（图2-3、附表2、附表3）。

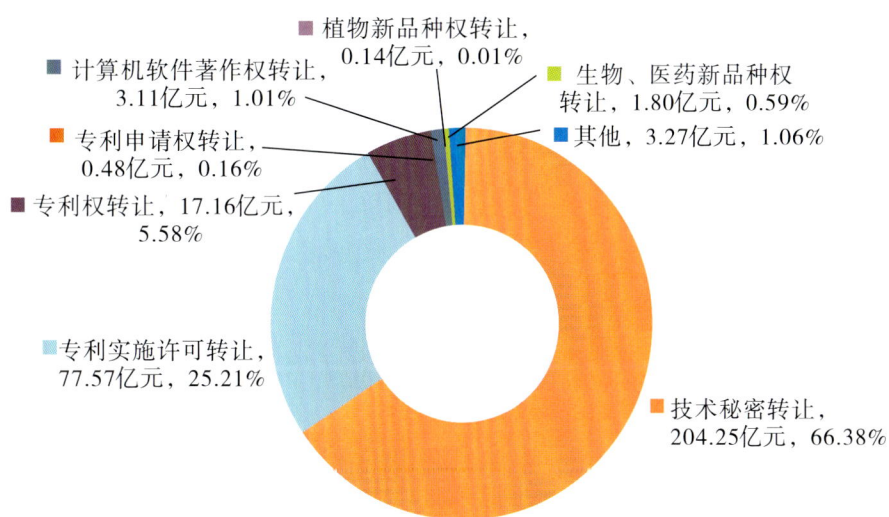

图2-3　2018年广东省技术转让合同类别构成

（三）技术咨询合同

技术咨询合同成交额大幅增长。2018年，广东省共认定登记技术咨询合同1 942项，成交额8.62亿元，比上年增长高达902.33%，远高于全国25.68%的增长水平，增长速度居四类合同首位，成交额占全省技术合同成交总额的0.62%，所占比重排在四类技术合同中的最末位，且比全国水平低了 2.57 百分点（附表 2、附表 3）。

（四）技术服务合同

技术服务合同总量快速增长。2018 年，广东省共认定登记技术服务合同 5 340 项，成交额 353.25 亿元，比上年增长 122.25%，呈现快速增长的态势，增长速度是全国水平的近 3 倍，成交额占全省技术合同成交总额的 25.47%，位居第二，在全国技术合同中技术服务合同为最主要的交易方式。各类技术服务合同中，广东省和全国均以一般性技术服务为主要形式，共认定登记 5 251 项，成交额 353.12 亿元，比上年增长 122.17%，占技术服务合同的 99.96%（图 2-4、附表 2、附表 3）。

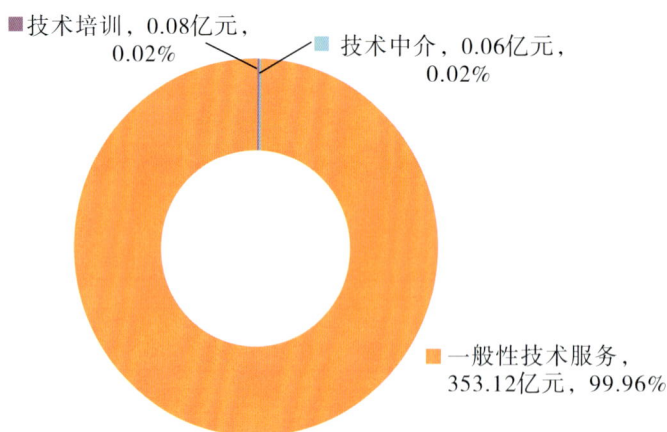

图 2-4 2018 年广东省技术服务合同类别构成

二、知识产权构成

涉及知识产权的技术合同成交额占全省技术合同成交总额五成以上。2018 年，全省涉及知识产权的技术合同共认定登记 13 928 项，成交额 744.90 亿元，占全省成交总项数和总金额的 58.20% 和 53.71%，所占比重均高于全国水平。其中，技术秘密合同 6 791 项，成交额 505.00 亿元，占涉及知识产权合同成交总额的 67.79%，居涉及知识产权合同的第一位；计算机软件著作权合同成交额 102.67 亿元，居涉及知识产权合同的第二位。设计著作权大幅增长，在广东省和全国增幅均位居第一，全省成交额高达 25.53 亿元，比上年增长 475.00%，是全国平均增长水平的 6.1 倍；集成电路布图设计专有权成交 1.84 亿元，增长 234.55%，增幅居第二；专利合同成交 88.80 亿元，比上年增长 36.01%，增幅居第三，其中外观设计专利合同成交额达 30.42 亿元，比上年增长高达 2 500.00%。植物新品种降幅最大，比上年下降 46.15%。未涉及知识产权合同成交额持续增长，成交额 642.10 亿元，比上年增长 77.77%，占全省成交总额的 46.29%，而全国技术合同中未涉及知识产权合同的成交额占比高达 61.50%（图 2-5、附表 4）。

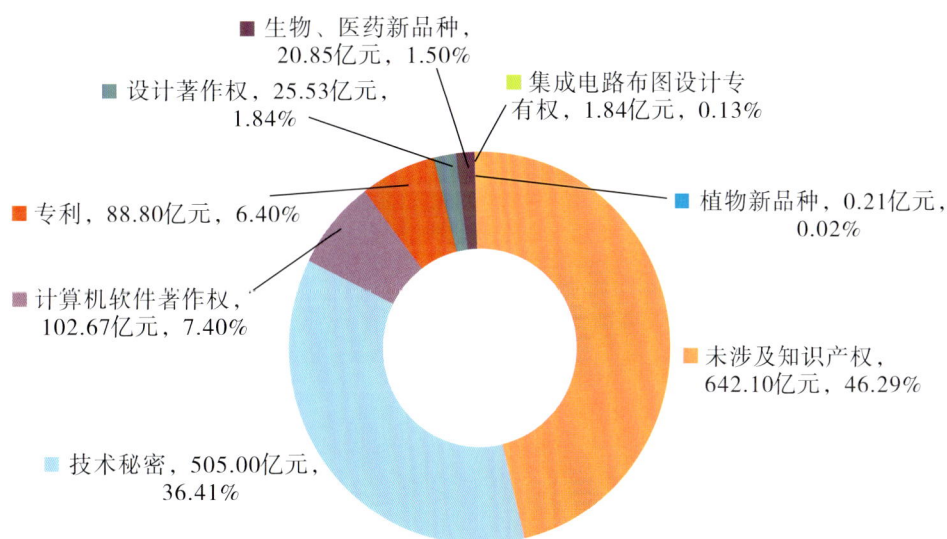

图 2-5　2018 年广东省技术合同知识产权类别构成

三、技术领域构成

电子信息技术领域交易继续保持领先地位。2018 年，电子信息技术领域合同成交额，在广东省和全国均居首位，全省共认定登记技术合同 16 434 项，成交额 849.87 亿元，比上年增长 21.56%，占全省成交总额的 61.27%，远远领先于其他领域，比全国水平高出 35.81 百分点。城市建设与社会发展领域增长迅猛，成交合同 1 968 项，成交额达到 121.61 亿元，比上年增长 652.07%，增幅居首位；新能源与高效节能、环境保护与资源综合利用、核应用领域成交额均快速上升，比上年增长均超过 370%；现代交通，生物、医药和医疗器械，先进制造，航空航天，新材料及其应用领域成交额稳健增长。仅农业领域成交额略微下降。全国技术合同中，仅有核应用技术领域合同成交额增幅超过 100%，为 811.06%，其余技术领域合同增幅均低于 60%，增长缓慢（图 2 - 6、附表 5）。

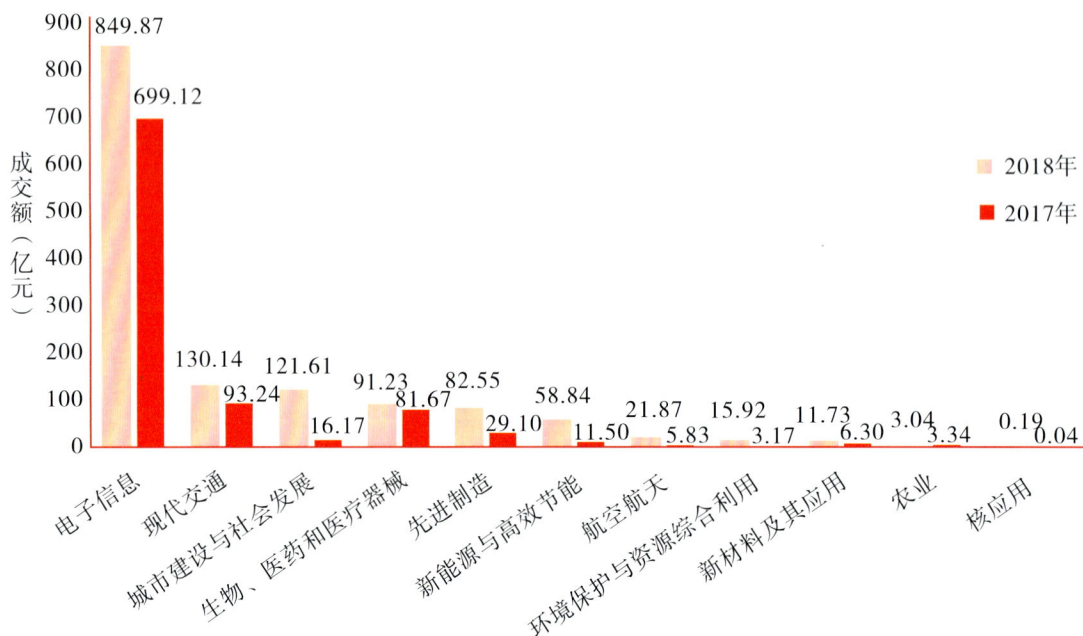

图 2 - 6　2017—2018 年广东省技术合同技术领域构成对比

四、科技计划项目构成

地市县计划项目成交额增幅显著。2018 年，计划内项目技术合同成交 6 169 项，成交额为 165.97 亿元，比上年增长 147.98%，占全省技术合同成交总额的 11.97%，占比低于全国 15.42% 的水平。各类计划项目中，国家科技计划项目快速增长，成交额达 61.78 亿元，比上年增长 149.11%，成交额占计划内项目成交额的 37.22%，排名第一。地市县计划项目大幅增长，成交 56.85 亿元，比上年增长 1 096.84%，增幅居首位，高于全国水平。广东省科技计划内项目技术合同以国家科技计划项目技术合同为主，而全国科技计划项目内技术合同主要以省（自治区、直辖市）及计划单列市计划项目技术合同为主（图 2 - 7、图 2 - 8、附表 6）。

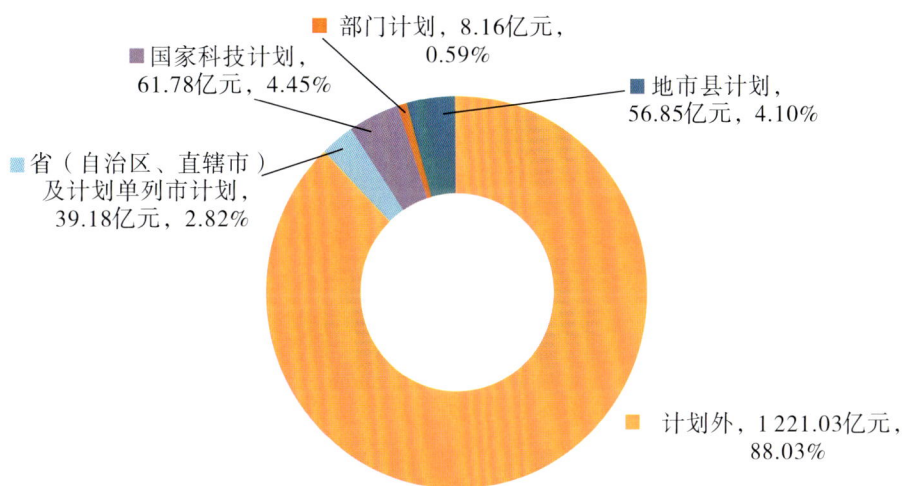

图 2 - 7　2018 年广东省技术合同科技计划项目构成

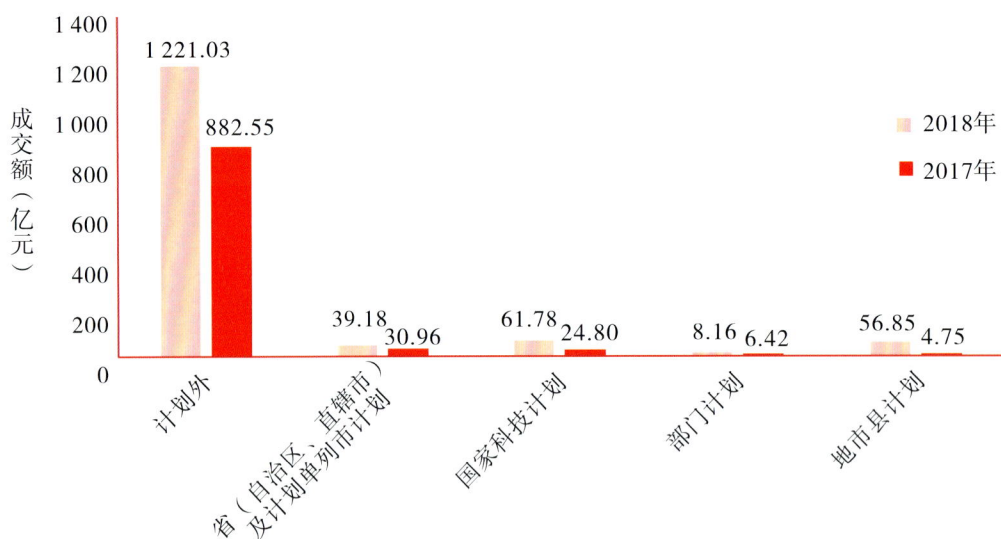

图 2 - 8　2017—2018 年广东省技术合同计划项目构成对比

五、重大技术合同构成

重大技术合同成交额占比超八成。2018 年，全省共认定登记 1 000 万元以上重大技术合同 1 295 项，比上年增长 56.97%；重大技术合同成交额 1 172.48 亿元，比上年增长 46.86%，占全省技术合同成交总额的 84.53%。平均每份重大技术合同的成交额为 9 053.88 万元（附表 7），比全国平均每份重大技术合同成交额高 994.24 万元。

技术开发为重大技术合同的主要类型。重大技术开发合同成交额为 564.74 亿元，比上年增长 40.01%，占重大技术合同总成交额的 48.17%，成交额居重大技术合同的首位；平均每份重大技术开发合同成交额 7 550.00 万元，比广东省平均每项重大技术合同成交额少 1 503.88 万元。重大技术服务与技术转让合同所占比重大体相同。重大技术服务合同成交额增幅位居第一，成交额为 315.98 亿元，比上年增长 114.88%；重大技术咨询合同实现零的突破，成交 7 项，但金额仅为 1.42 亿元，占重大技术合同的 0.12%，占比最少（图 2 - 9、附表 7）。

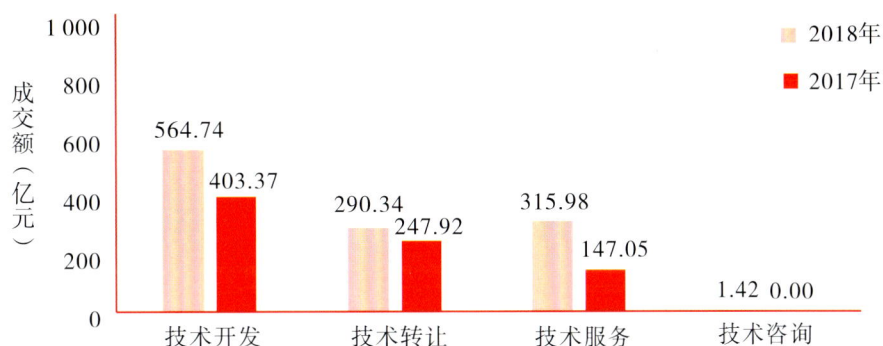

图 2 - 9 2017—2018 年广东省重大技术合同构成对比

电子信息为重大技术合同主要技术交易领域。电子信息领域技术合同成交额 697.31 亿元，占重大技术合同成交额的 59.47%，位居第一；现代交通领域技术合同成交额 127.84 亿元，占重大技术合同成交额的 10.90%，居第二位；核应用领域技术合同成交额占比最少。环境保护与资源综合利用领域大幅增长，成交额 10.85 亿元，比上年增长 3 341.81%，增幅排名第一；城市建设与社会发展领域成交额增幅排名第二，成交额 102.38 亿元，比上年增长 1 023.51%；新能源与高效节能领域，成交额 54.59 亿元，比上年增长 535.00%，增幅居第三位；农业领域技术合同成交额负增长，成交额为 0.27 亿元，比上年下降 82.83%。重大技术合同中，前三位的技术领域类型与全国排位保持一致（附表 8）。

技术秘密为重大技术合同主要知识产权类型。重大技术合同中，技术秘密成交 392 项，成交额 437.47 亿元，占重大技术合同成交额的 37.31%；专利技术合同成交 66 项，成交额 80.72 项，占重大技术合同成交额的 6.88%；计算机软件著作权成交 142 项，成交额为 57.68 亿元，占重大技术合同成交额的 4.92%。设计著作权成交 16 项，成交额为 20.36 亿元，比上年增长 559.63%，增幅位居第一；其次为集成电路布图设计专有权，成交额 0.58 亿元，比上年增长 164.17%；生物、医药新品种有所回落。前三位涉及知识产权的重大技术合同与全国排位保持一致（附表 8）。

六、技术交易双方构成

技术交易的主体主要有机关法人、事业法人、社团法人、企业法人、自然人和其他组织。企业双向技术交易主体地位稳固，输出和吸纳技术均呈现放量增长态势；事业法人机构以高等院校和科研机构输出技术为主；通过政府购买服务方式，机关法人吸纳技术合同成交额大幅增加。

2018 年，广东省技术合同的交易双方中，企业兼为最大的技术输出方（卖方）和技术吸纳方（买方），全年输出技术 19 582 项，成交额 1 300.99 亿元，比上年增长 45.50%，占全省技术合同成交额的 93.80%；吸纳技术 18 552 项，成交额 1 275.42 亿元，比上年增长 21.07%，占全省技术合同成交额的 91.96%（图 2 - 10、附表 9、附表 10、附表 12）。

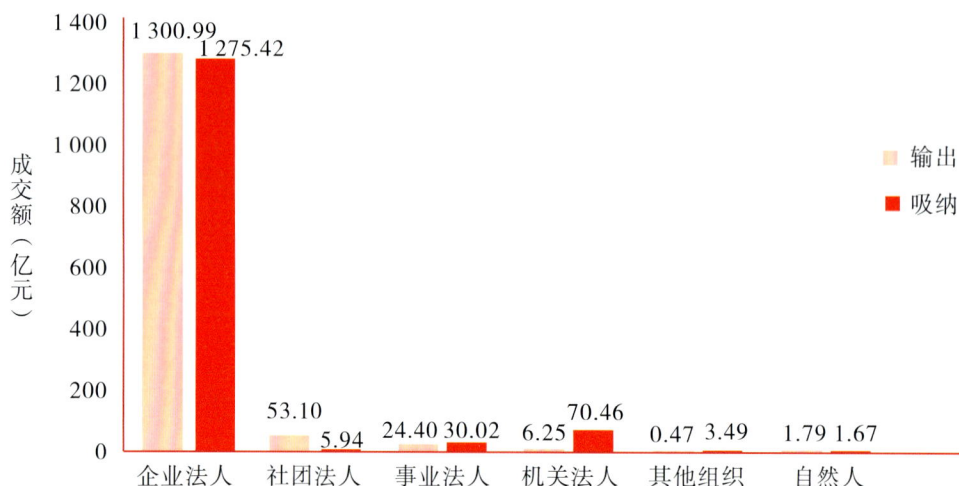

图 2 - 10　2018 年广东省技术合同技术交易双方构成

（一）技术输出方

企业法人输出技术项数和金额高居各类主体榜首；机关法人输出技术成交额达 6.25 亿元，增幅高达 1 983.33%，增幅位居第一；社团法人输出技术成交额超 53 亿元，成交额居第二位；事业法人输出技术成交额首次超 20 亿元。自然人输出技术成交额降幅明显，比上年下降 81.81%（图 2 - 11、附表 10、附表 11）。

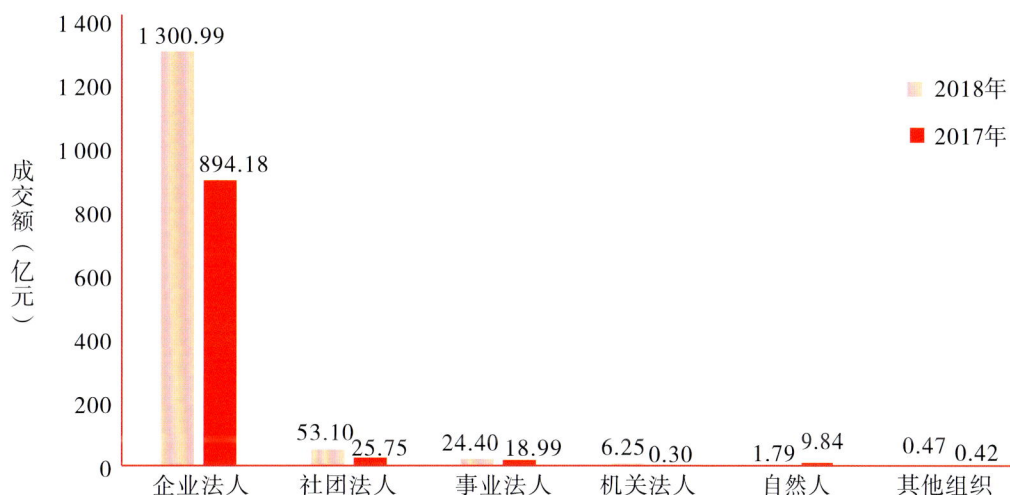

图 2 - 11　2017—2018 年广东省技术合同技术输出方类别构成对比

1. 企业法人输出技术情况

企业输出技术持续活跃，各类企业法人输出技术成交额均快速增长。企业法人中，内资企业是技术交易的主要力量，共输出技术 18 195 项，成交额 1 048.53 亿元，占全省技术合同成交总额的 75.60%；单份合同平均成交额为 576.27 万元，比上年增长 1.92%。外商投资企业输出技术 702 项，成交额 136.18 亿元；单份合同平均成交额达到 1 939.89 万元，比上年下降 37.03%，是内资企业的近 3.4 倍。港澳台商投资企业单份技术合同成交额最大，平均每份技术合同成交额为 2 267.72 万元（图 2 - 12、附表 11）。

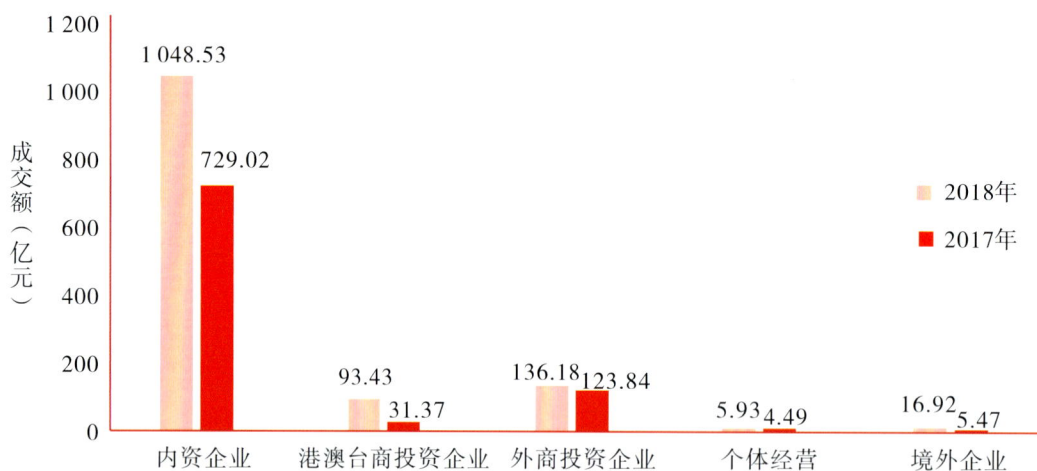

图 2－12　2017—2018 年广东省技术合同企业法人输出技术情况对比

2. 事业法人输出技术情况

以高等院校、科研机构等为交易主体的事业法人输出技术 3 630 项，成交额 24.40 亿元，占全省技术合同成交总额的 1.76%。高等院校和科研机构的技术合同总项数和成交总额稳步上升，合同项数较上年增加 282 项，增幅 8.82%，合同成交额较上年增长 22.33%。科研机构技术合同项数和成交额大幅增长，比上年分别增长 104.28%、82.78%，但高等院校技术合同项数和成交额均小幅下降（图 2－13、附表 11）。

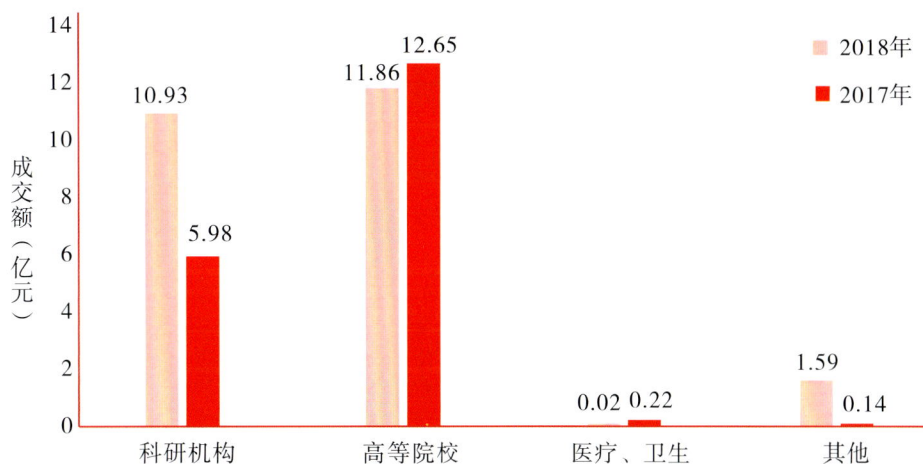

图 2 - 13　2017—2018 年广东省技术合同事业法人输出技术情况对比

（二）技术吸纳方

2018 年，企业法人技术需求持续旺盛，吸纳技术项数和成交额居首位；机关法人吸纳技术项数和成交额居第二位；社团法人、自然人吸纳技术大幅增长，事业法人吸纳技术有所回落（图 2 - 14、附表 12、附表 13）。

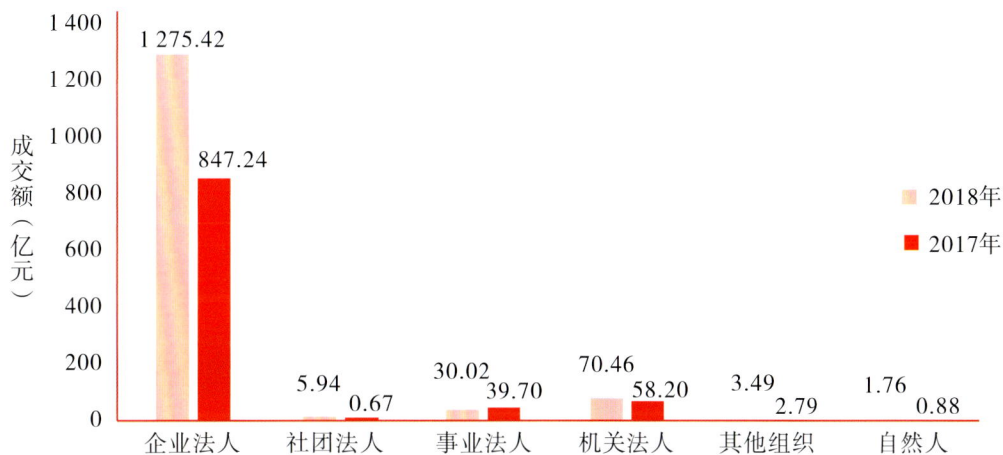

图 2 - 14　2017—2018 年广东省技术合同技术吸纳方类别构成对比

1. 企业法人吸纳技术情况

内资企业技术吸纳占主导地位，吸纳技术合同 11 884 项，成交额 765.51 亿元，占全省技术合同成交总额的 55.19%，比上年增长 19.14%；其次为境外企业，吸纳技术合同成交额 378.63 亿元，占全省技术合同成交总额的 27.30%，比上年增长 147.52%。外商投资企业吸纳技术大幅增长，成交额为 103.52 亿元，比上年增长高达 698.15%，成交额增幅居企业法人吸纳技术的首位；个体经营吸纳技术合同成交额为 1.25 亿元，比上年增长 190.70%，居第二位；港澳台商投资企业吸纳技术小幅下降（图 2 - 15、附表 13）。

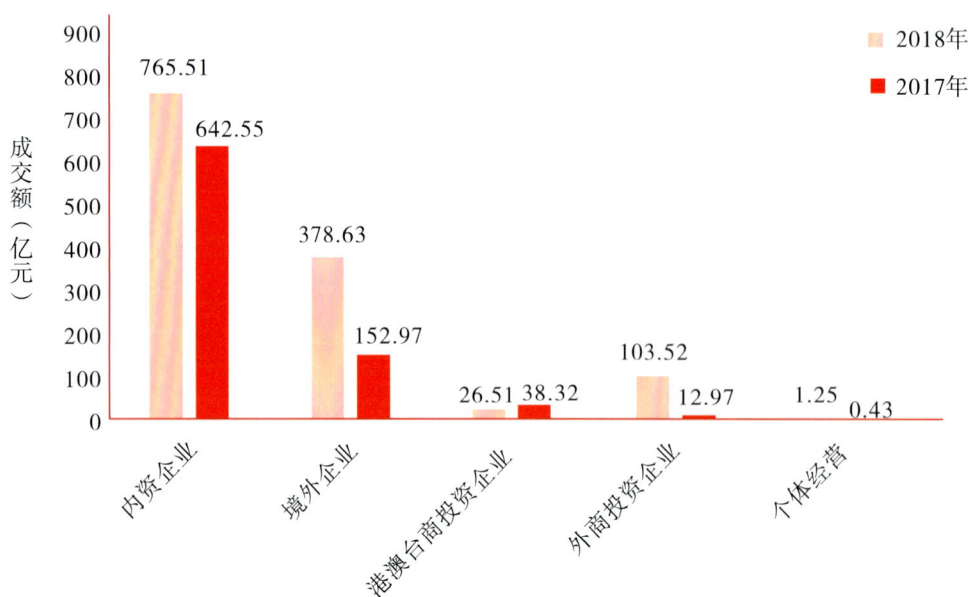

图 2 - 15　2017—2018 年广东省技术合同企业法人吸纳技术情况对比

2. 事业法人吸纳技术情况

事业法人吸纳技术 1 990 项，成交额 30.02 亿元，比上年下降 24.38%。其中，科研机构购买技术 496 项，成交额 5.46 亿元，占全省技术合同成交总额 0.39%；高等院校大幅增长，成交 9.82 亿元，比上年增长 616.79%，占全省技术合同成交总额 0.71%；医疗、卫生成交 1.32 亿元，比上年下降 89.01%（图 2 - 16、附表 13）。

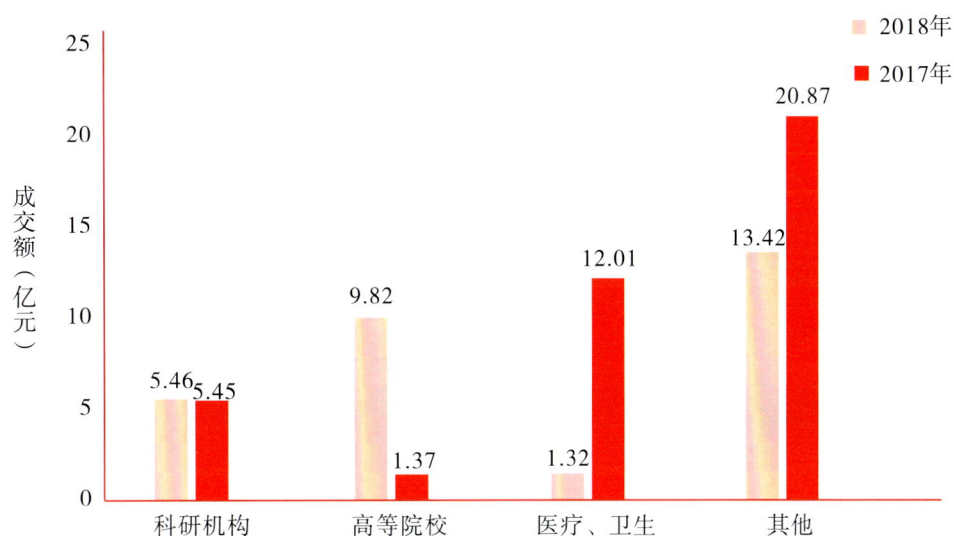

图 2 - 16　2017—2018 年广东省技术合同事业法人吸纳技术情况对比

七、社会—经济目标构成

促进工商业发展是技术交易的主要目标。各类社会—经济目标中，促进工商业发展的技术合同 7 813 项，成交额 551.56 亿元，占全省技术合同成交总额的 39.77%，成交额居首位；促进社会发展和社会服务的技术合同成交额居第二位，成交额为 357.25 亿元，比上年增长 35.26%，占全省技术合同成交总额的 25.76%；服务于其他民用目标的技术合同成交额为 202.42 亿元，比上年增长 83.92%，占全省技术合同成交总额的 14.59%，居第三位，排位与全国排位一致。服务于地球和大气层的探索与利用的技术合同成交额为 0.76 亿元，仅占全省技术合同成交总额的 0.05%。服务于非定向研究的技术合同大幅增长，成交额为 86.57 亿元，比上年增长 2 636.28%，增幅居首位；成交额增幅排名第二的为服务于农林牧渔业发展的技术合同，成交额为 27.68 亿元，比上年增长 496.67%；服务于环境保护、生态建设及污染防治的技术合同成交额为 24.51 亿元，比上年增长 389.31%，增幅居第三位。服务于国防的技术合同成交额为 2.64 亿元，比上年下降 34.17%。广东省技术合同的社会—经济目标构成主要以促进工商业发展为主，全国则以促进社会发展和社会服务为主（图 2 – 17、附表 14）。

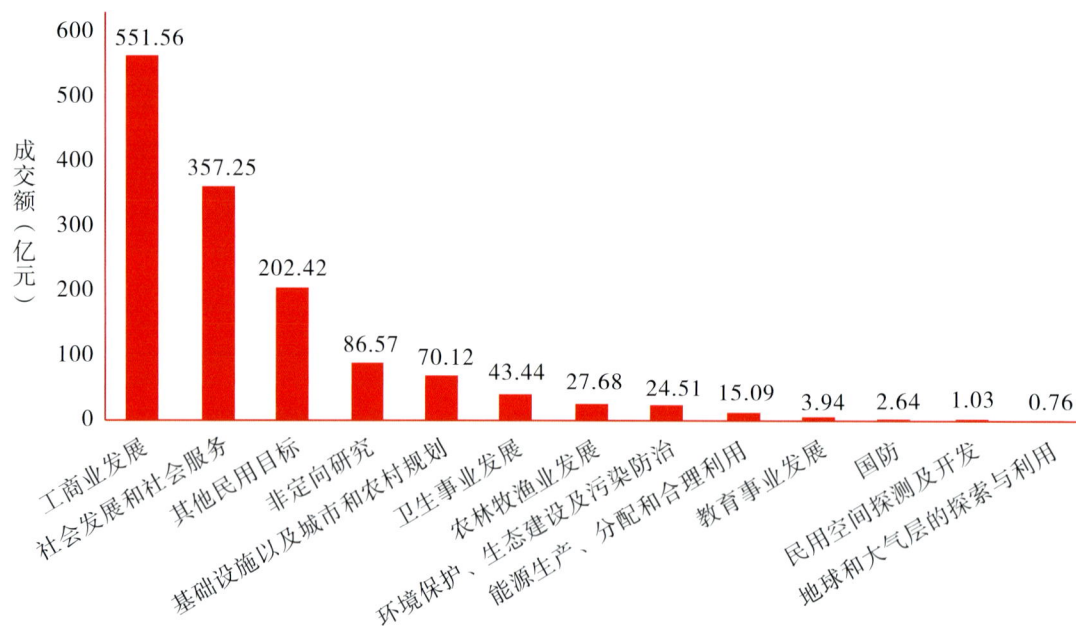

图 2 – 17　2018 年广东省技术合同技术交易社会—经济目标构成

第三章 各地市交易

一、合同登记情况

全省大部分地市技术合同成交额实现增长。2018 年，全省共登记技术合同 23 930 项，合同金额 1 387.00 亿元。技术合同成交额排名前 10 位的地市依次为广州、深圳、珠海、东莞、江门、佛山、云浮、中山、惠州、清远，登记项数和成交总额分别占全省的 98.50% 和 99.85%；除了粤北地区的云浮和清远，其余均为珠三角地市，其中云浮成交额 3.67 亿元，高于珠三角的中山、惠州、肇庆三市。清远排名第 10，比上年上升了 7 位。

广州和深圳成为广东省技术交易的双引擎，全年两市登记技术合同总金额占全省的九成以上。2018 年，广州、深圳两地共登记技术合同 21 909 项，成交额 1 296.31 亿元，占全省总额的 93.46%，占珠三角地市总额 1 379.45 亿元的 93.97%；同处珠三角的另外七市技术合同成交额为 83.14 亿元，仅占全省总额的 5.99%，粤东西北地区技术合同成交额只有 7.55 亿元，占比不到 0.55%；广深两地登记的技术合同成交额是珠三角其余七市的 15.59 倍，是粤东西北的 171.70 倍。广州成交额以 719.38 亿元首次超过深圳，位居全省第一。

珠三角九地市中，肇庆成交额仅有 0.21 亿元，比上年下降 34.32%，排名第 14，是珠三角地区唯一一个成交额下降的地市，其余八市全年登记的合同金额均呈现不同程度增长。粤北地区除梅州大幅下降外，其余四市均快速增长。除汕尾外，粤东、粤西地区均有所回落，汕尾合同成交额为 0.01 亿元，增幅高达 231.18%；全省 21 个地市中，阳江是唯一一个合同成交额为 0 的地市（图 3 – 1、附表 15）。

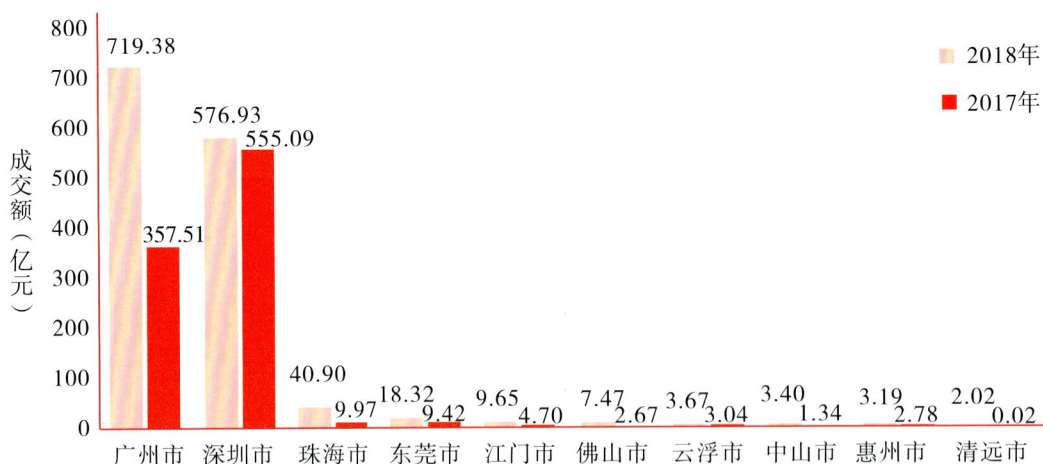

图3-1　2018年广东省技术合同成交额前10名与2017年情况对比

二、技术输出

广州输出技术成交额位居全省榜首，深圳紧跟其后。2018年，全省共输出技术23 686项，成交额1 362.90亿元，输出技术成交额比上年增长45.44%。广州、深圳输出技术合同成交额遥遥领先于其他地市，共成交技术合同21 828项，占全省输出技术合同总项数的92.16%；成交额为1 280.25亿元，占全省输出技术合同成交总额的93.94%。

全国重点城市中，西安输出技术总量居首位，合同项数为36 036项，成交额为1 028.33亿元，比上年增长21.21%；其次是成都，合同项数为12 887项，成交额为946.66亿元，比上年增长160.98%；广州位居第三，合同项数为12 058项，成交额为703.69亿元，比上年增长98.85%，成交额与排名第四的武汉相差无几。深圳作为我国改革开放的重要窗口，正着力建设中国特色社会主义先行示范区，但深圳的技术交易量仅排名第五，合同项数为9 777项，成交额为576.56亿元，比上年增长3.99%，交易量不如武汉等城市（表3-1）。

全省输出技术合同排名前10的地市依次为广州、深圳、珠海、东莞、佛山、中山、江门、惠州、清远、韶关，技术合同成交总项数为23 328项，成交额总和为1 361.63亿元，分别占全省输出技术合同成交项数和成交总额的98.49%、99.91%。输出技术合同成交额增幅排名前三的地市依次为清远、韶关、珠海，依次增长13 183.78%、1 066.01%、425.21%。全省除湛江、揭阳、梅州、汕头、肇庆、茂名、阳江、潮州输出技术有所回落外，其余地市均呈现增长态势。广州、深圳、珠海输出技术合同成交额远大于吸纳技术（图3-2、附表16、附表17）。

表3-1　2018年全国重点城市技术合同成交情况

城市	合同数（项）	成交额（亿元）	增长（%）	排名
西安	36 036	1 028.33	21.21	1
成都	12 887	946.66	160.98	2
广州	12 058	703.69	98.85	3
武汉	17 522	702.03	18.01	4
深圳	9 777	576.56	3.99	5

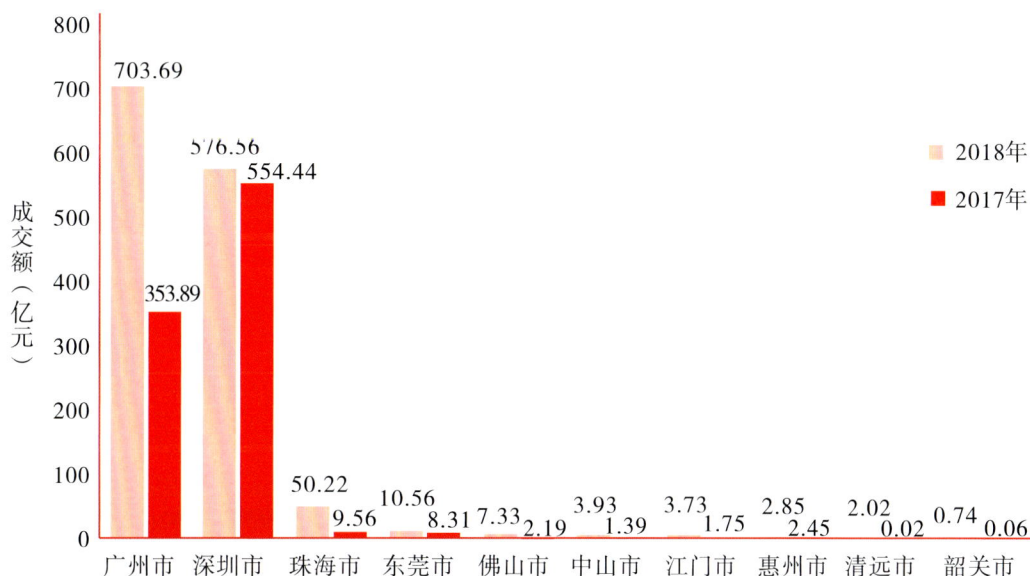

图3-2　2018年广东省输出技术合同成交额前10名与2017年情况对比

三、技术吸纳

广州、深圳、东莞三地吸纳技术成交额领跑全省，成交项数为 11 624，占全省吸纳技术合同总项数的 76.05%；成交额为 514.68 亿元，占全省吸纳技术合同成交总额的 87.46%。2018 年，全省共吸纳技术 15 285 项，成交额 588.47 亿元，比上年增长 31.99%。全省吸纳技术合同成交额排名前 10 位的依次为广州、深圳、东莞、江门、珠海、佛山、揭阳、肇庆、惠州、云浮，共吸纳技术 13 729 项，成交额为 568.53 亿元，分别占全省吸纳技术合同成交总项数和成交额的 89.82%、96.61%。吸纳技术合同成交额增幅排名前三的地市依次为揭阳、汕尾、潮州，增幅分别为 1 678.71%、521.64%、359.87%。全省除地处珠三角的深圳、东莞、珠海、佛山、惠州和粤北的河源外，其余 15 个地市吸纳技术均有不同程度的增长。东莞吸纳技术合同成交额远大于输出技术（图 3－3、附表 17）。

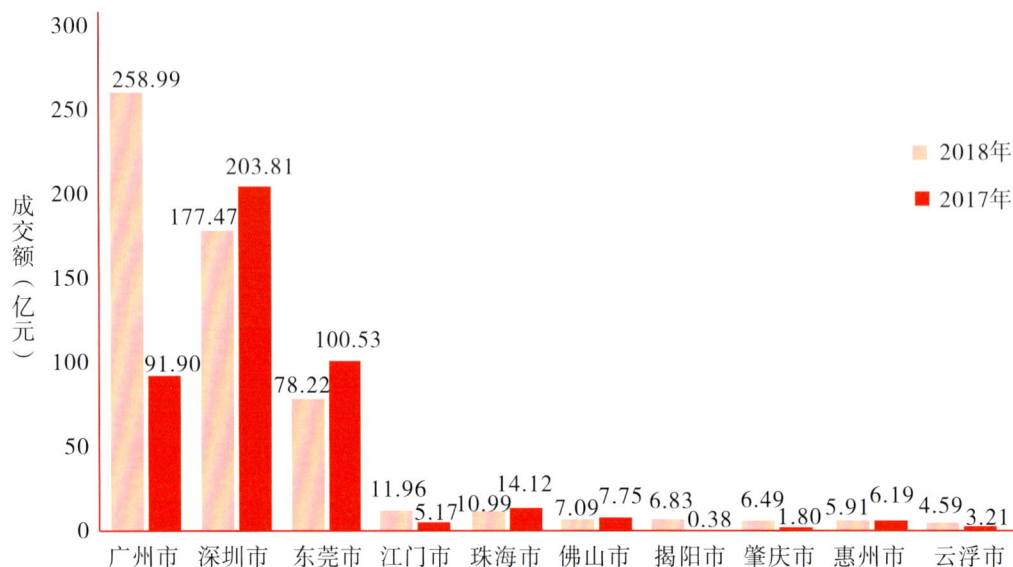

图 3－3　2018 年广东省吸纳技术合同成交额前 10 名与 2017 年情况对比

第四章　区域技术交易

2018 年，粤北地区、珠三角地区技术输出持续活跃，呈现不同程度的增长；粤东、粤西地区技术输出比上年大幅下降，降幅超五成，技术吸纳比上年有明显增长。珠三角技术创新和辐射扩散能力明显高于粤东西北地区，输出技术合同成交额占全省输出技术合同成交总额的 99.71%，吸纳技术合同成交额占全省吸纳技术合同成交总额的 95.08%，占比均居首位。粤北地区输出技术呈现快速增长趋势，成交额为 3.06 亿元，比去年增长293.04%，技术输出增幅居各地区首位；粤东西北地区以吸纳技术为主，粤东地区技术吸纳增幅最大，合同成交额为 12.54 亿元，比上年增长 596.90%（表 4-1）。

表 4-1　2018 年区域技术合同交易情况

地区	输出技术				吸纳技术			
	合同数（项）	成交额（亿元）	增长（%）	占比（%）	合同数（项）	成交额（亿元）	增长（%）	占比（%）
粤东地区	36	0.43	-58.97	0.03	299	12.54	596.90	2.13
粤西地区	261	0.46	-57.28	0.03	412	2.87	88.20	0.49
粤北地区	70	3.06	293.04	0.22	540	13.53	40.81	2.30
珠三角地区	23 319	1 358.95	45.47	99.71	14 034	559.54	29.25	95.08
合计	23 686	1 362.90	45.44	100.00	15 285	588.47	31.99	100.00

一、珠三角地区

珠三角地区技术交易活跃，输出及吸纳技术合同成交额均呈增长趋势。2018 年，珠三角地区输出技术合同 23 319 项，成交额为 1 358.95 亿元，比上年增长 45.47%。广州、深圳是珠三角地区技术交易的主体，广州输出技术合同成交额居首位，成交额为703.69亿元，占全省输出技术合同成交总额的51.63%，比上年增长98.85%；深圳输出技术排名第二，成交额为576.56亿元，比上年增长3.99%。2018年，珠海技术输出活跃度明显增强，输出技术合同成交额增幅最大，成交额为50.22亿元，比上年增长425.21%；其次是佛山，成交额为7.33亿元，比上年增长234.55%。

珠三角地区吸纳技术合同14 034项，成交额为559.54亿元，比上年增长29.25%。广州吸纳技术合同成交额排名第一，成交额为258.99亿元，占全省吸纳技术合同成交总额的44.01%，比上年增长181.82%。肇庆吸纳技术合同成交额增幅最大，成交额为6.49亿元，比上年增长261.43%（表4-2）。

广州、深圳、珠海、佛山、中山输出技术合同成交额大于吸纳技术，其余地市吸纳技术合同成交额大于输出技术。

表4-2　2018年珠三角地区技术交易情况

地市	输出技术				吸纳技术			
	合同数（项）	成交额（亿元）	增长（%）	排名	合同数（项）	成交额（亿元）	增长（%）	排名
广州市	12 057	703.69	98.85	1	6 304	258.99	181.82	1
深圳市	9 771	576.56	3.99	2	4 696	177.47	-12.92	2
珠海市	392	50.22	425.21	3	398	10.99	-22.20	5
东莞市	285	10.56	27.05	4	624	78.22	-22.19	3
佛山市	349	7.33	234.55	5	707	7.09	-8.62	6
中山市	224	3.93	183.39	6	452	2.43	47.05	9
江门市	194	3.73	113.28	7	514	11.96	131.46	4
惠州市	37	2.85	16.63	8	209	5.91	-4.56	8
肇庆市	10	0.09	-52.54	9	130	6.49	261.43	7
合计	23 319	1 358.95	45.47		14 034	559.54	29.25	

二、粤东地区

粤东地区吸纳技术合同成交额大幅增长，吸纳技术合同成交额远大于输出技术。粤东地区输出技术共 36 项，成交额为 0.43 亿元，比上年总体下降 58.97%。潮州降幅最大，比上年下降 97.54%；仅有汕尾输出技术增长，合同成交额为 0.01 亿元，比上年增长 231.18%；揭阳输出技术合同成交额排名第一，成交额为 0.34 亿元。

粤东地区吸纳技术共 299 项，成交额 12.54 亿元，均呈大幅增长趋势。揭阳增幅及合同成交额均居首位，成交额为 6.83 亿元，比上年增长 1 678.71%；汕尾合同成交额及增幅排名第二，成交额为 2.86 亿元，比上年增长 521.64%（表4-3）。

表4-3　2018 年粤东地区技术交易情况

地市	输出技术				吸纳技术			
	合同数（项）	成交额（亿元）	增长（%）	排名	合同数（项）	成交额（亿元）	增长（%）	排名
揭阳市	8	0.34	-32.21	1	63	6.83	1 678.71	1
汕头市	22	0.09	-83.21	2	120	2.56	186.89	3
汕尾市	3	0.01	231.18	3	71	2.86	521.64	2
潮州市	3	0.00	-97.54	4	45	0.28	359.87	4
合计	36	0.43	-58.97		299	12.54	596.90	

三、粤西地区

粤西地区技术承接能力明显增强，吸纳技术合同成交额明显高于技术输出。2018 年，粤西地区输出技术 261 项，成交额为 0.46 亿元，占全省输出技术合同成交总额的 0.03%，比上年总体下降 57.28%。湛江输出排名第一，输出技术 188 项，成交额为 0.42 亿元。阳江合同成交额降幅最大，降幅为98.28%。

2018年，粤西地区吸纳技术412项，成交额为2.87亿元，比上年增长88.20%，占全省吸纳技术合同成交总额的0.49%；湛江吸纳技术合同成交额居首位，成交额为1.27亿元，比上年增长62.69%。阳江和茂名吸纳技术合同成交额增幅大体相同，居前列，比上年增长均超115.00%（表4-4）。

表4-4 2018年粤西地区技术交易情况

地市	输出技术				吸纳技术			
	合同数（项）	成交额（亿元）	增长（%）	排名	合同数（项）	成交额（亿元）	增长（%）	排名
湛江市	188	0.42	-46.57	1	186	1.27	62.69	1
茂名市	72	0.04	-84.91	2	150	1.00	115.05	2
阳江市	1	0.00	-98.28	3	76	0.59	115.06	3
合计	261	0.46	-57.28		412	2.87	88.20	

四、粤北地区

粤北地区技术交易再创新高，输出和吸纳技术均呈增长趋势，吸纳技术合同成交额均大于输出技术。2018年，粤北地区技术输出70项，成交额为3.06亿元，比上年增长293.04%，占全省输出技术合同成交总额的0.22%。清远技术输出成交额及增幅均排名第一，成交额为2.02亿元，比上年增长13 183.78%；其次是韶关，成交额为0.74亿元，比上年增长1 066.01%。梅州是输出技术合同成交额唯一下降的地市，成交额为0.27亿元，比上年下降61.29%。

2018年，粤北地区吸纳技术540项，成交额为13.53亿元，比上年增长40.81%，占全省吸纳技术合同成交总额的2.30%。云浮吸纳技术合同成交额排名第一，成交额为

4.59 亿元，比上年增长 42.97%。清远吸纳技术合同成交额增幅居首位，成交额为 3.04 亿元，比上年增长 352.78%。河源是吸纳技术合同成交额唯一下降的地市，成交额为 0.84 亿元，比上年下降 75.97%（表 4 - 5）。

表 4 - 5　2018 年粤北地区技术交易情况

地市	输出技术				吸纳技术			
	合同数（项）	成交额（亿元）	增长（%）	排名	合同数（项）	成交额（亿元）	增长（%）	排名
清远市	12	2.02	13 183.78	1	96	3.04	352.78	3
韶关市	7	0.74	1 066.01	2	130	1.48	72.36	4
梅州市	30	0.27	-61.29	3	139	3.59	162.20	2
河源市	20	0.03	302.38	4	91	0.84	-75.97	5
云浮市	1	0.00		5	84	4.59	42.97	1
合计	70	3.06	293.04		540	13.53	40.81	

五、港澳地区

港澳地区技术交易呈持续增长趋势。香港输出和吸纳技术合同成交额增长均超五成，澳门增长趋势更为显著，吸纳技术合同成交额增长近 3 倍。从港澳地区输出技术来看，香港输出到内地的技术共 87 项，其中，输出到广东的技术 9 项，占比为 10.34%；澳门输出到内地的技术共 9 项，其中，输出到广东的技术 2 项，占比为 22.22%。

从港澳地区吸纳技术来看，香港从内地吸纳技术共 1 009 项，其中，广东 389 项，占比 38.55%，从广东吸纳技术近四成；澳门从内地吸纳技术共 66 项，其中，广东 13 项，占比 19.70%（表 4 - 6）。

表 4 - 6　2018 年港澳地区技术交易情况

地区	输出技术				吸纳技术			
	合同数（项）	成交额（亿元）	增长（%）	广东省合同数/内地（%）	合同数（项）	成交额（亿元）	增长（%）	广东省合同数/内地（%）
香港↔内地	87	12.65	66.06		1 009	262.64	53.89	
香港↔广东省	9	0.91	−8.04	10.34	389	48.39	57.53	38.55
澳门↔内地	9	0.05			66	87.21	275.62	
澳门↔广东省	2	0.02		22.22	13	0.42	138.61	19.70

第五章　高等院校和科研机构技术交易

高等院校和科研机构是重要的技术交易供给端。2018 年，省内高等院校和科研机构[①]共输出技术 3 410 项，比上年增长 8.74%，占全省输出技术合同总项数 23 686 项的14.40%。其中，超 80% 的技术流入广东省内单位；高等院校和科研机构技术交易活力不足，输出技术成交额 21.88 亿元，比上年增长 28.20%，仅占全省输出技术合同成交总额1 362.90 亿元的 1.61%，远低于全国平均水平（附表 18、附表 24）。

一、高等院校

2018 年，广东省高等院校输出技术数量和合同成交总额均比上年有所下降。共输出技术 2 295 项，比上年下降 11.80%，占全省输出技术合同总项数 23 686 项的 9.69%；成交额 11.42 亿元，比上年下降 6.12%，占全省输出技术合同成交总额 1 362.90 亿元的0.84%（附表 18）。

（一）技术合同构成

四类合同中，除技术开发合同成交额有所增长外，技术转让、技术咨询和技术服务合同成交额均呈下降趋势，技术转让合同成交额降幅超五成。2018 年高等院校技术开发合同项数为 1 330 项，占全省高等院校输出技术合同总项数的 57.95%；成交额为 7.48 亿元，占全省高等院校输出技术合同成交总额的比重为 65.56%，技术开发合同项数和成交额居四类合同首位。技术咨询合同和技术转让合同占比较少，两类合同占比均不足 10%（图5 - 1、附表 18、附表 19）。

[①]　本章数据剔除省外高等院校和科研机构作为卖方类别情况。

技术服务，
2.67亿元，23.42%

技术咨询，
0.37亿元，3.23%

技术转让，
0.89亿元，7.79%

技术开发，
7.48亿元，65.56%

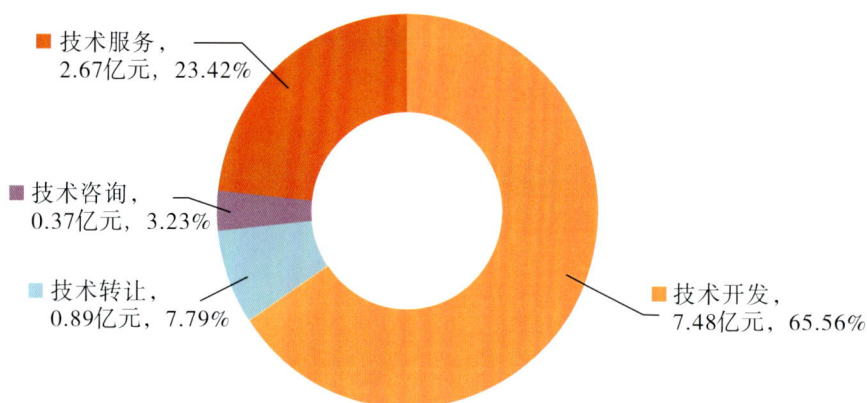

图 5 - 1　2018 年广东省高等院校技术合同类别构成

1. 技术开发合同

技术开发合同呈现持续增长态势。2018 年，高等院校技术开发合同成交额为 7.48 亿元，占全省高等院校输出技术合同成交总额的 65.56%，比上年增长 5.29%。其中，委托开发合同成交额占技术开发合同成交额的 77.64%，合作开发合同占 22.36%，技术开发合同以委托开发为主；合作开发合同成交额增幅近五成（图 5 - 2、附表 18、附表 19）。

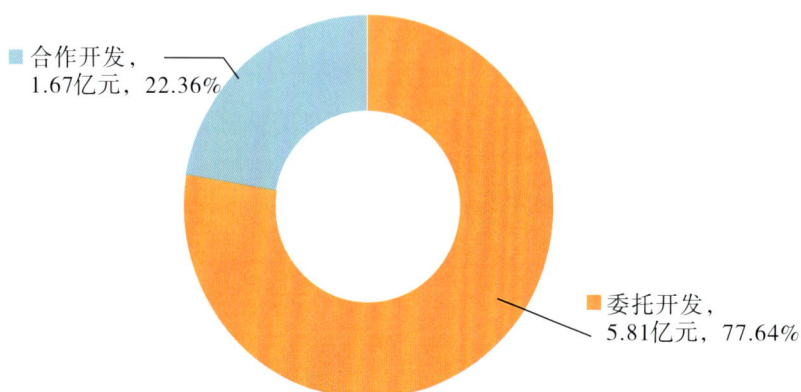

合作开发，
1.67亿元，22.36%

委托开发，
5.81亿元，77.64%

图 5 - 2　2018 年广东省高等院校技术开发合同类别构成

2. 技术转让合同

技术转让合同成交额大幅下降。2018 年，高等院校技术转让合同项数为 142 项，比上年下降 42.04%；成交额为 0.89 亿元，比上年下降 51.16%，占全省高等院校输出技术合同成交额的比重为 7.79%。其中，技术秘密转让合同成交额占技术转让合同成交额的 46.59%；专利权转让合同占 34.16%，技术秘密转让和专利权转让为技术转让的主要交易方式。技术秘密转让和计算机软件著作权转让合同成交额下降明显，降幅超五成（图 5 - 3、附表 18、附表 19）。

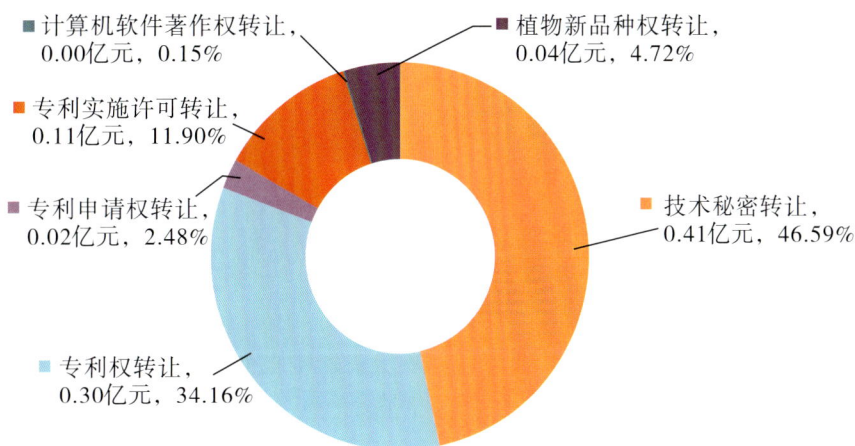

图 5 - 3　2018 年广东省高等院校技术转让合同类别构成

3. 技术咨询合同

技术咨询合同成交额相比去年略有下降。2018 年共输出技术咨询合同 137 项，比上年下降 38.01%；成交额为 0.37 亿元，比上年下降 1.29%，占全省高等院校输出技术合同成交总额的 3.23%（图 5 - 1、附表 18、附表 19）。

4. 技术服务合同

技术服务合同总量和成交额相比去年均有所下降。合同项数为 686 项，比上年下降

21.60%；成交额为2.67亿元，占全省高等院校输出技术合同成交总额的23.42%，比上年下降6.41%。其中，一般性技术服务合同成交额占技术服务合同的比重为99.90%，为主要的技术服务类型（图5-1、附表18、附表19）。

（二）知识产权构成

涉及知识产权的技术合同成交额占全省高等院校输出技术合同成交总额的近四成。全省高等院校输出的技术中，涉及知识产权的技术合同952项，成交额为4.28亿元，占全省高等院校输出技术合同成交总额的37.44%，但全省涉及知识产权的技术输出合同成交额占全省技术输出合同总额的比重为53.95%，未达到全省平均水平。其中，技术秘密合同749项，比上年增长65.34%，成交额为3.19亿元，比上年增长31.65%，占涉及知识产权技术合同成交额的74.53%，是涉及知识产权的技术合同的主要类型，高于全省平均水平（67.79%）。集成电路布图设计专有权虽成交额占比不高，但比上年增幅高达540.00%，增幅位居第一，其次是生物、医药新品种，成交额为0.42亿元，比上年增长74.71%。计算机软件著作权合同成交额降幅最大，成交额为0.05亿元，比上年下降37.26%（图5-4、附表20）。

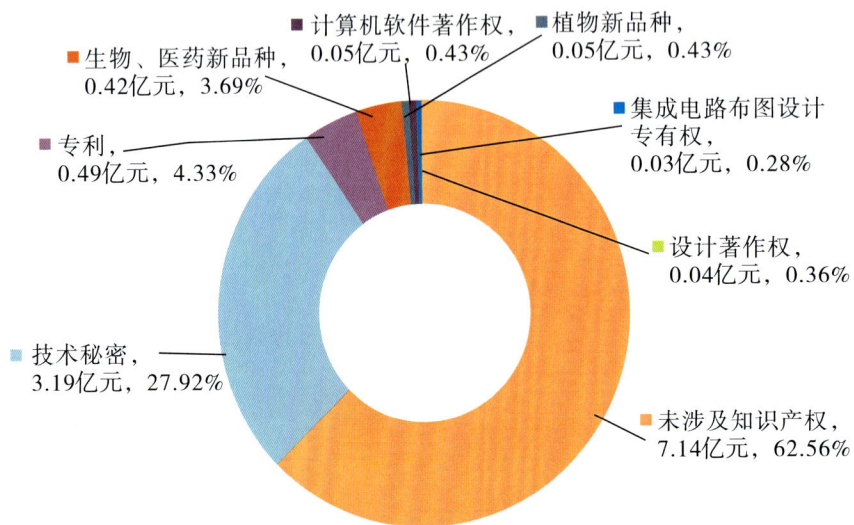

图5-4 2018年广东省高等院校知识产权类别构成

（三）技术领域构成

城市建设与社会发展领域交易总量持续占据首位。城市建设与社会发展领域合同项数和成交额分别为 333 项和 2.80 亿元，比上年有一定下滑，同比下降 44.50% 和 21.98%，成交额占全省高等院校输出技术合同成交总额的 24.50%。核应用技术领域合同成交额增幅居全省首位，成交额为 31.00 万元，比上年增长 1 208.02%，占全省高等院校输出技术合同成交总额的 0.03%，占比最少。现代交通领域成交额为 0.64 亿元，比上年增长 180.49%，增幅居第二位（图 5 - 5、附表 21）。

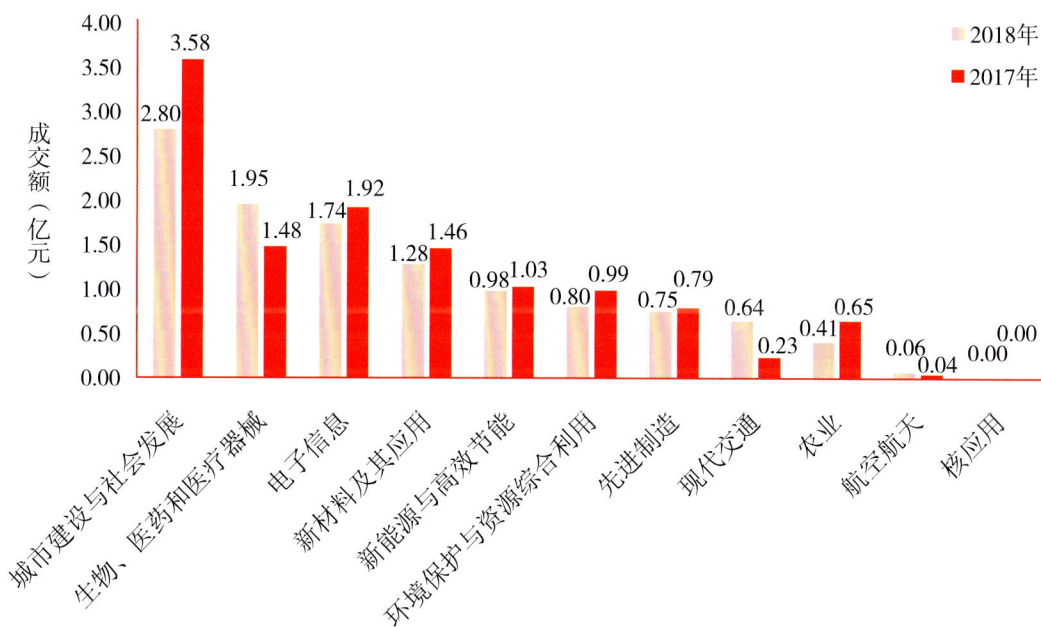

图 5 - 5　2017—2018 年广东省高等院校技术交易领域对比

（四）社会—经济目标构成

高等院校技术输出服务于社会—经济目标以促进社会发展和社会服务、基础设施以及城市和农村规划为主。各类社会—经济目标中，促进社会发展和社会服务的技术合同338项，成交额为1.97亿元，占全省高等院校输出技术合同成交总额的17.29%，居首位；服务于基础设施以及城市和农村规划的技术合同成交额居第二位，为1.94亿元，占全省高等院校输出技术合同成交总额的17.03%，比上年增长597.90%，增幅最大；服务于教育事业发展的技术合同成交额为0.29亿元，比上年增长214.58%，增幅排名第二（图5-6、附表22）。

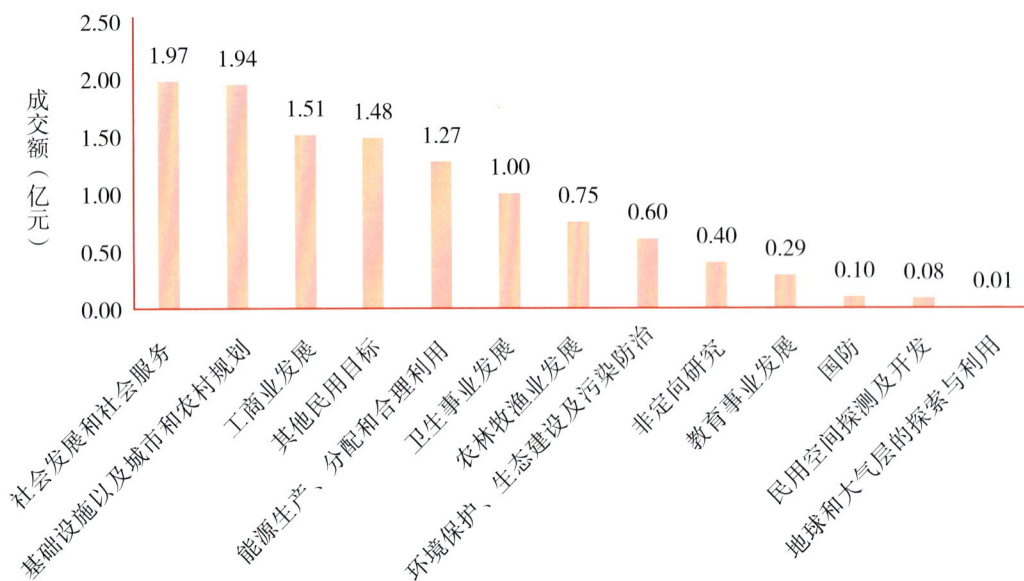

图5-6　2018年广东省高等院校技术交易社会—经济目标构成

（五）科技计划项目构成

国家科技计划项目项数及成交额增幅最大。国家科技计划项目合同项数为 46 项，比上年增长 155.56%；成交额为 0.24 亿元，占各类科技计划项目成交总额的 2.09%，比上年增长 229.07%。地市县计划项目增长明显，排名第二，合同成交额为 0.20 亿元，占各类科技计划项目成交总额的 1.72%，比上年增长 57.61%。计划外的项目占比超九成，成交额为 10.63 亿元，占各类科技计划项目成交总额的 93.08%，比上年下降 5.77%；省、自治区、直辖市及计划单列市计划项目技术合同成交额为 0.27 亿元，占各类科技计划项目成交总额的 2.40%，排名第二，比上年下降明显，下降 53.36%（图 5－7、附表 23）。

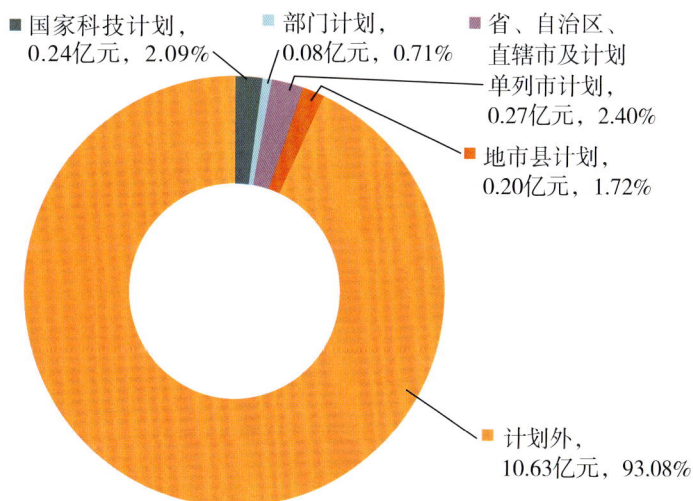

图 5－7　2018 年广东省高等院校技术交易计划类别构成

二、科研机构

2018 年，广东省科研机构输出技术比上年大幅增加，合同成交额增幅超一倍。合同项数为 1 115 项，占全省输出技术合同总项数的 4.71%，比上年增长 108.80%；成交额为 10.46 亿元，占全省输出技术合同总成交额的 0.77%，比上年增长 113.33%（附表 24）。

（一）技术合同构成

四类合同中，各类合同成交额占比较为均衡。技术开发合同成交额居首位，成交额为 3.18 亿元，比上年下降 0.05%，占全省科研机构输出技术合同成交总额的 30.40%，其次是技术服务合同。技术转让、技术咨询、技术服务合同成交额均大幅增长，其中，技术咨询合同增长最为显著，增幅超 9 倍，占全省科研机构输出技术合同成交总额的 21.85%（图 5 - 8、附表 24、附表 25）。

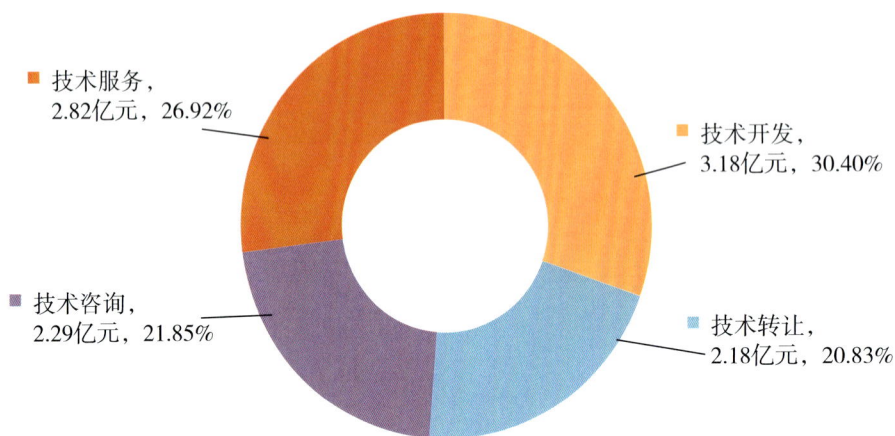

技术服务， 2.82亿元，26.92%
技术开发， 3.18亿元，30.40%
技术咨询， 2.29亿元，21.85%
技术转让， 2.18亿元，20.83%

图 5 - 8　2018 年广东省科研机构技术合同类别构成

1. 技术开发合同

技术开发合同成交额与上年基本持平。2018年，科研机构技术开发合同项数为312项，比上年增长33.91%；成交额为3.18亿元，占全省科研机构输出技术合同成交总额的30.40%。其中，委托开发合同成交额占技术开发合同成交额的94.41%，合作开发合同仅占5.59%，比上年大幅下降，降幅超六成，技术开发合同以委托开发为主（图5-9、附表24、附表25）。

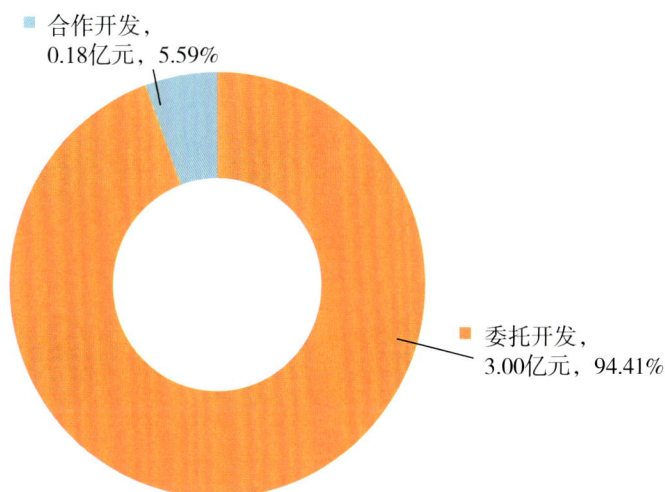

合作开发，
0.18亿元，5.59%

委托开发，
3.00亿元，94.41%

图5-9　2018年广东省科研机构技术开发合同类别构成

2. 技术转让合同

技术转让合同成交额大幅增长，增幅超九成。2018年，科研机构技术转让合同项数为149项，成交额为2.18亿元，比上年增长92.39%，占全省科研机构输出技术合同成交额的比重为20.83%。其中，专利权转让合同成交额居技术转让合同首位，成交额为1.19亿元，比上年增长289.55%，占技术转让合同成交额的54.40%；其次是技术秘密转让合同，成交额为0.80亿元，占技术转让合同成交额的36.83%，专利权转让和技术秘密转让为技术转让的主要交易方式。专利申请权转让合同成交额增幅最大，成交额为0.11亿元，比上年增长2 073.98%；其次是技术转让合同中的其他类型，成交额增幅达2 056.00%（图5－10、附表24、附表25）。

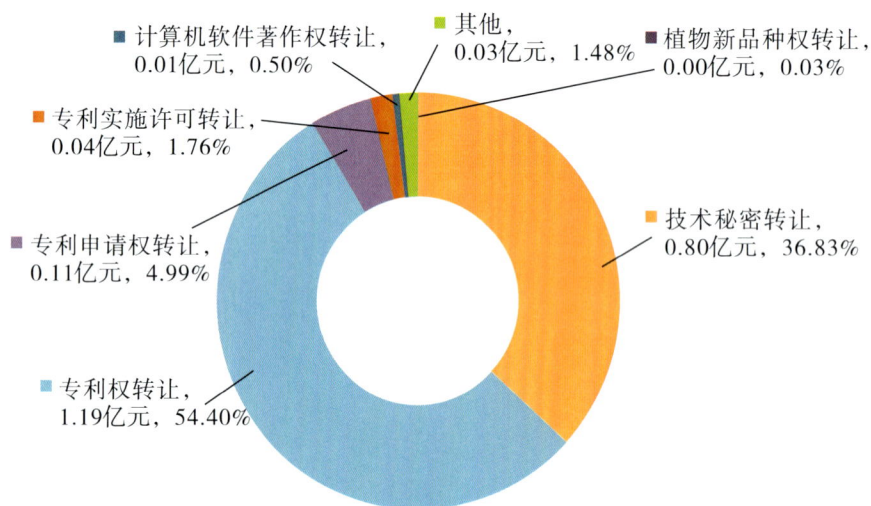

计算机软件著作权转让，
0.01亿元，0.50%

其他，
0.03亿元，1.48%

植物新品种权转让，
0.00亿元，0.03%

专利实施许可转让，
0.04亿元，1.76%

专利申请权转让，
0.11亿元，4.99%

技术秘密转让，
0.80亿元，36.83%

专利权转让，
1.19亿元，54.40%

图5－10 2018年广东省科研机构技术转让合同类别构成

3. 技术咨询合同

技术咨询合同项数及成交额相比去年均增长迅猛。2018年共输出技术咨询合同234项，比上年增长444.19%；成交额为2.29亿元，比上年增长974.44%，占全省科研机构输出技术合同成交总额的21.85%（图5－8、附表24、附表25）。

4. 技术服务合同

技术服务合同总量和成交额相比去年均有明显增长，增幅超6倍。合同项数为420项，比上年增长663.64%；成交额为2.82亿元，比上年增长651.74%，占全省科研机构输出技术合同成交总额的26.92%。其中，一般性技术服务合同项数419项，比上年增长661.82%；成交额为2.77亿元，比上年增长638.39%，占技术服务合同的比重为98.22%，为主要的技术服务类型（图5－11、附表24、附表25）。

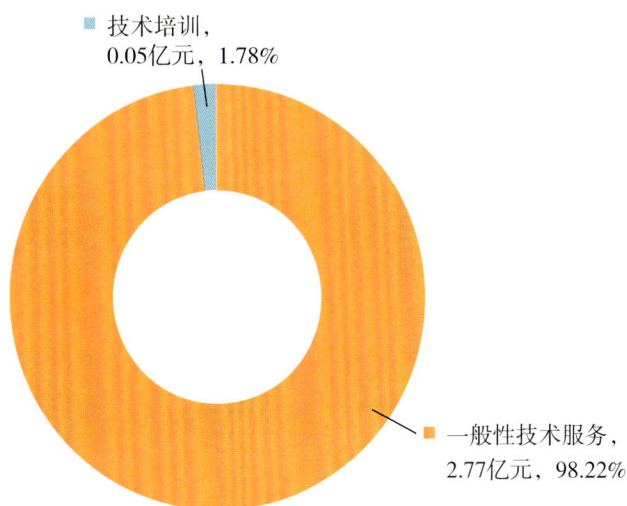

技术培训，
0.05亿元，1.78%

一般性技术服务，
2.77亿元，98.22%

图 5-11 2018 年广东省科研机构技术服务合同类别构成

（二）知识产权构成

涉及知识产权的技术合同成交额占全省科研机构输出技术合同成交总额超六成，与全省情况大体相同。全省科研机构输出的技术中，涉及知识产权的技术合同 471 项，成交额为 6.40 亿元，占全省科研机构输出技术合同成交总额的 61.18%。其中，技术秘密合同 332 项，比上年增长 28.68%，成交额为 5.28 亿元，占全省科研机构输出技术合同成交总额的 50.48%，比上年增长 191.26%，是技术合同中知识产权构成的主要类型。生物、医药新品种合同 8 项，成交额为 0.21 亿元，占全省科研机构输出技术合同成交总额的 1.99%，比上年增长 8 244.04%，增长幅度最大；其次是设计著作权，成交额为 0.03 亿元，比上年增长 2 739.42%。计算机软件著作权、植物新品种成交额出现下降趋势，成交额分别为 0.13 亿元、0.12 亿元，占全省科研机构输出技术合同成交总额的 1.26%、1.14%，比上年下降 55.06%、53.54%（图 5-12、附表 26）。

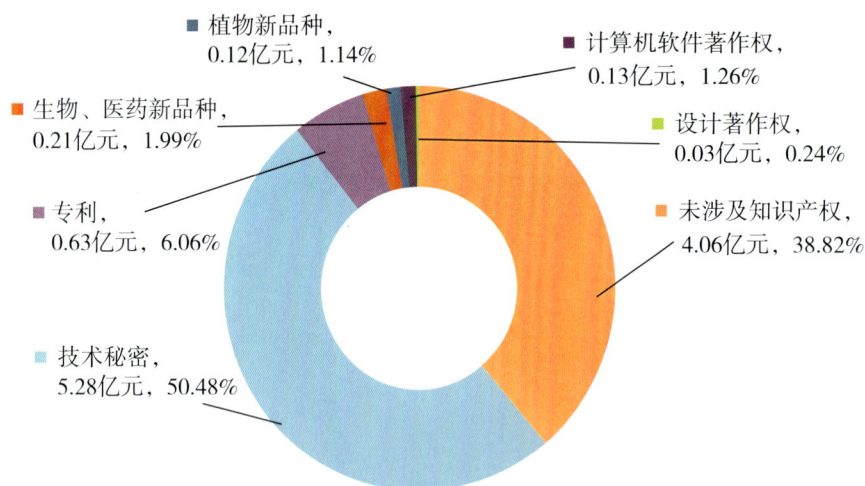

图 5 – 12　2018 年广东省科研机构知识产权类别构成

（三）技术领域构成

各类技术领域均呈现大幅增长态势。环境保护与资源综合利用领域合同成交额占据首位，成交额为 2.17 亿元，比上年大幅增长，增长 358.75%，占全省科研机构输出技术合同成交总额的 20.74%；其次是电子信息领域，成交额为 1.98 亿元，占全省科研机构输出技术合同成交总额的 18.95%。先进制造领域合同成交额增幅居全省首位，成交额为 0.91 亿元，比上年增长 1 124.98%，占全省科研机构输出技术合同成交总额的 8.69%；城市建设与社会发展、电子信息、新材料及其应用、新能源与高效节能领域合同成交额均有所增长，增幅超六成（图 5 – 13、附表 27）。

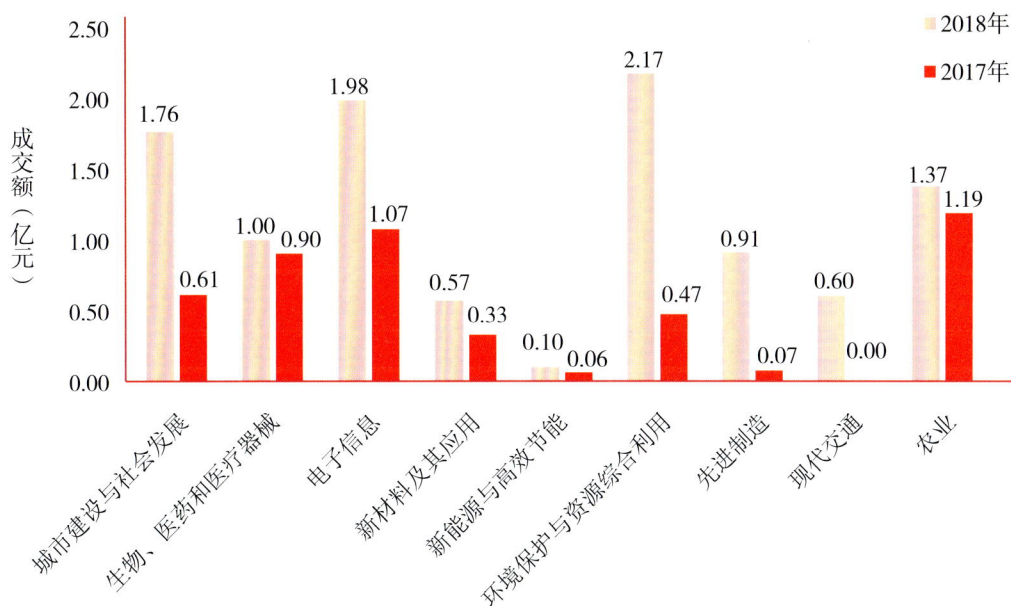

图 5 - 13　2017—2018 年广东省科研机构技术交易领域对比

（四）社会—经济目标构成

各类社会—经济目标中，服务于工商业发展的技术交易量最大，合同项数为 119 项，成交额为 2.07 亿元，占全省科研机构输出技术合同成交总额的 19.76%；服务于其他民用目标的技术合同成交额居第二位，为 1.67 亿元，比上年增长 550.80%，占全省科研机构输出技术合同成交总额的 16.00%。用于基础设施以及城市和农村规划的技术合同成交额增长最为迅速，成交额为 0.68 亿元，比上年增长 59 407.15%，占全省科研机构输出技术合同成交总额的 6.54%；非定向研究增幅位居第二，成交额为 1.48 亿元，比上年增长 35 161.78%。服务于国防的技术合同成交额大幅下降，比上年下降 97.88%（图 5 - 14、附表 28）。

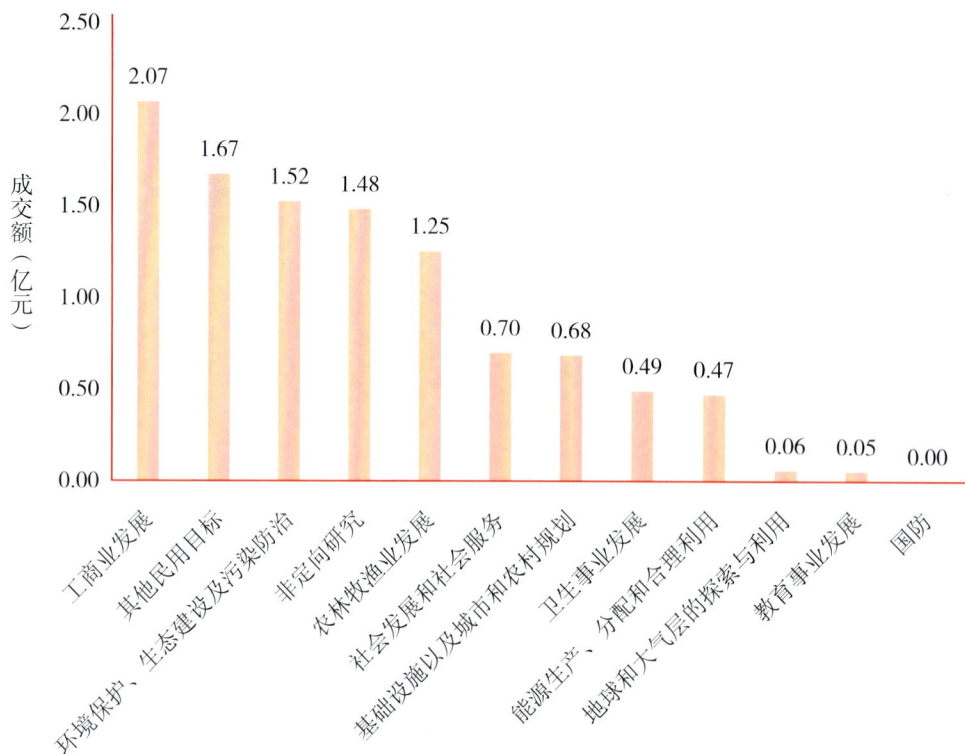

图 5－14　2018 年广东省科研机构技术交易社会—经济目标构成

（五）科技计划项目构成

各类科技计划项目成交额均有明显增长。国家科技计划项目成交项数和成交额增幅显著，均排第一，合同项数为 19 项，比上年增长 850.00%，成交额为 0.14 亿元，占各类科技计划项目成交总额的 1.37%，比上年增长 1 265.52%。地市县计划项目成交额增幅排名第二，成交额为 0.32 亿元，占各类科技计划项目成交总额的 3.02%，比上年增长 261.32%。计划外的项目占比超 80%，排名第一，成交额为 8.69 亿元，比上年增长 99.61%；其次是省、自治区、直辖市及计划单列市计划项目，成交额为 1.09 亿元，占各类科技计划项目成交总额的 10.41%，比上年增长 182.55%（图 5－15、附表 29）。

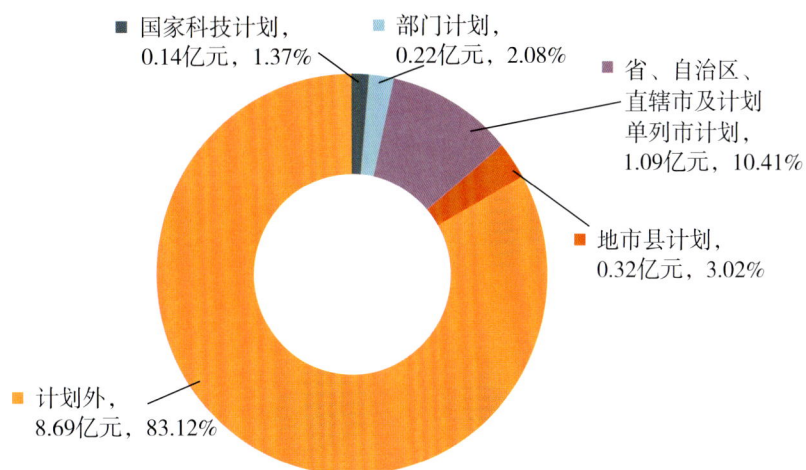

图 5 - 15　2018 年广东省科研机构技术交易计划类别构成

国家科技计划，0.14亿元，1.37%

部门计划，0.22亿元，2.08%

省、自治区、直辖市及计划单列市计划，1.09亿元，10.41%

地市县计划，0.32亿元，3.02%

计划外，8.69亿元，83.12%

第六章　技术交易机构

一、技术（产权）交易机构

技术（产权）交易机构是以企业和产业需求为导向，整合创新要素和创新资源，提供技术孵化、技术转让、技术咨询、技术评估、技术投融资、技术产权交易、知识产权运营以及技术信息平台等专业性和综合性服务的机构，是技术转移服务体系的重要组成部分。2018 年，广东省技术（产权）交易机构共有深圳联合产权交易所①和广州技术产权交易中心两家，据对两家技术产权交易机构统计，共有从业人员 155 人，2018 年共促成技术交易 172 项，成交金额为 20.46 亿元，组织技术推广和交易活动 3 次，组织技术转移培训 550 人（表 6 - 1）。

表 6 - 1　2018 年广东省技术（产权）交易机构情况

| 技术（产权）交易机构名称 | 成交技术合同项目（项） | 成交金额（万元） | | | | | 开展技术推广和交易活动（次） | 组织培训人次（人） | 从业人员（人） |
		总金额（万元）	其中：促成战略性新兴产业技术成交额（万元）	其中：促成公共财政投入计划项目成交额（万元）	其中：促成国际技术转移项目成交额（万元）	其中：促成重大技术转移项目成交额（万元）			
广州技术产权交易中心	172	204 600	0	0	0	0	3	550	10
深圳联合产权交易所	0	0	0	0	0	0	0	0	145

①　深圳联合产权交易所主营业务为国有股权交易，故成交技术合同项及成交金额均为 0。

二、技术卖方机构

（一）技术卖方机构数量逐年增加

2018 年，技术卖方机构数量增长迅速，全省认定登记的技术合同中共有卖方机构
3 700 家，较 2017 年增长 44.30%。其中，企业法人性质卖方机构 3 378 家，占机构总数的
91.29%；事业法人性质卖方机构 167 家，占机构总数的 4.51%；社团法人、自然人及其
他组织卖方机构共 82 家，占机构总数的 2.22%，广东省技术卖方机构类别以企业法人为
主（表 6 - 2、附表 30）。

表 6 - 2　2018 年全省各类技术交易机构构成及交易情况

卖方类别		机构数（个）	合同数（项）	金额（亿元）
机关法人		73	250	6.25
事业法人	合计	167	3 630	24.40
	科研机构	87	1 146	10.93
	高等院校	57	2 332	11.86
	医疗、卫生	2	3	0.02
	其他	21	149	1.59
社团法人		21	289	53.10
企业法人	合计	3 378	19 582	1 300.99
	内资企业	3 037	18 195	1 048.53
	港澳台商投资企业	108	412	93.43
	外商投资企业	132	702	136.18
	个体经营	38	164	5.93
	境外企业	63	109	16.92

（续上表）

卖方类别	机构数（个）	合同数（项）	金额（亿元）
自然人	51	124	1.79
其他组织	10	55	0.47
合计	3 700	23 930	1 387.00

（二）内资企业技术交易规模居全省前列

各类企业法人性质卖方机构中，以内资企业为主，其中，内资企业 3 037 家，占企业
法人机构总数的 89.91%；港澳台商投资企业和外商投资企业 240 家，占企业法人机构总
数的 7.10%；境外企业 63 家，占企业法人机构总数的 1.86%（表 6 - 2）。华为技术有限
公司、广东宜通世纪科技股份有限公司、广东省电信工程有限公司输出技术成交额居企业
法人机构前三名（表 6 - 3）。

表 6 - 3　2018 年企业输出技术成交额前 20 名

排名	卖方名称
1	华为技术有限公司
2	广东宜通世纪科技股份有限公司
3	广东省电信工程有限公司
4	广州品唯软件有限公司
5	广州市公路工程公司
6	广船国际有限公司
7	深圳市长亮科技股份有限公司
8	Neople，Inc.
9	本田技研科技（中国）有限公司

（续上表）

排名	卖方名称
10	珠海格力节能环保制冷技术研究中心有限公司
11	深圳市览众科技股份有限公司
12	广州三星通信技术研究有限公司
13	汇丰软件开发（广东）有限公司
14	深圳市大疆创新科技有限公司
15	广州汽车集团股份有限公司
16	Futurewei Technologies，Inc.
17	中船黄埔文冲船舶有限公司
18	广州产权交易所
19	广州文冲船厂有限责任公司
20	火烈鸟网络（广州）股份有限公司

（三）科研机构技术交易增幅明显

2018 年，技术交易机构中科研机构数量和成交额明显增加，科研机构数量为 87 家，比 2017 年增长 35.93%；输出技术成交额为 10.93 亿元，比 2017 年增长 82.78%（表 6 - 2）。广东省水利水电科学研究院、珠江水利委员会珠江水利科学研究院、深圳清华大学研究院输出技术成交额居科研机构技术交易前三名（表 6 - 4）。

表 6 - 4　2018 年科研机构输出技术成交额前 20 名

排名	卖方名称
1	广东省水利水电科学研究院
2	珠江水利委员会珠江水利科学研究院

（续上表）

排名	卖方名称
3	深圳清华大学研究院
4	东莞中子科学中心
5	中国科学院南海海洋研究所
6	中国科学院深圳先进技术研究院
7	中国水产科学研究院南海水产研究所
8	广东科学中心
9	广东省计量科学研究院
10	深圳先进技术研究院
11	江门市大健康国际创新研究院
12	广东省农业科学院水稻研究所
13	广东省资源综合利用研究所
14	中国科学院广州生物医药与健康研究院
15	广东省微生物研究所
16	广东省生态环境技术研究所
17	华南协同创新研究院
18	中国农业科学院（深圳）
19	香港中文大学深圳研究院
20	中国科学院华南植物园

（四）高等院校输出技术项数和成交额均下降

2018年，广东省共有36所高等院校参与技术交易，共输出技术2 295项，比上年下降11.80%；输出技术成交额11.42亿元，比上年下降6.12%；交易类别主要以技术开发和技术服务为主，技术开发、技术服务合同成交额分别占全省高等院校技术合同总成交额的 65.56%、23.42%（附表 19）。其中，两所"985"高校（华南理工大学、中山大学）成交额分别为 7.31 亿元、0.76 亿元，占高等院校输出技术成交总额的 64.01%、6.65%（表 6 - 5）。

表 6 - 5　2018 年高等院校输出技术成交额前 20 名

排名	卖方名称
1	华南理工大学
2	中山大学
3	华南农业大学
4	南方医科大学
5	清华大学深圳研究生院
6	深圳大学
7	广东海洋大学
8	暨南大学
9	北京大学深圳研究生院
10	广东工业大学
11	南方科技大学
12	岭南师范学院
13	广东药学院
14	佛山科学技术学院
15	哈尔滨工业大学（深圳）
16	五邑大学
17	电子科技大学中山学院
18	华南师范大学
19	广州中医药大学
20	广东技术师范学院

三、国家技术转移示范机构

国家技术转移示范机构是为促进知识流动和技术转移提供技术经纪、技术集成、中试孵化、技术评价、检验检测、技术投融资等全流程服务的技术转移服务机构，是技术转移体系的重要组成。截至 2018 年底，全省共有国家技术转移示范机构 33 家，全年促成技术转移项目 3 903 项，促成金额为 46.77 亿元，为加速科技创新与科技成果转移转化，促进科技与经济融合发展，支撑引领经济高质量发展发挥了重要作用（附表 31）。

（一）法人类型

事业法人在法人类型中占比居首位。33 家国家技术转移示范机构中，其中市场化运作的企业法人机构 13 家，事业法人机构 18 家，社团法人机构 2 家。高等院校、科研机构类型的技术转移机构占事业法人机构的 77.78%，占总示范机构数的 42.42%（图 6 - 1、图 6 - 2）。

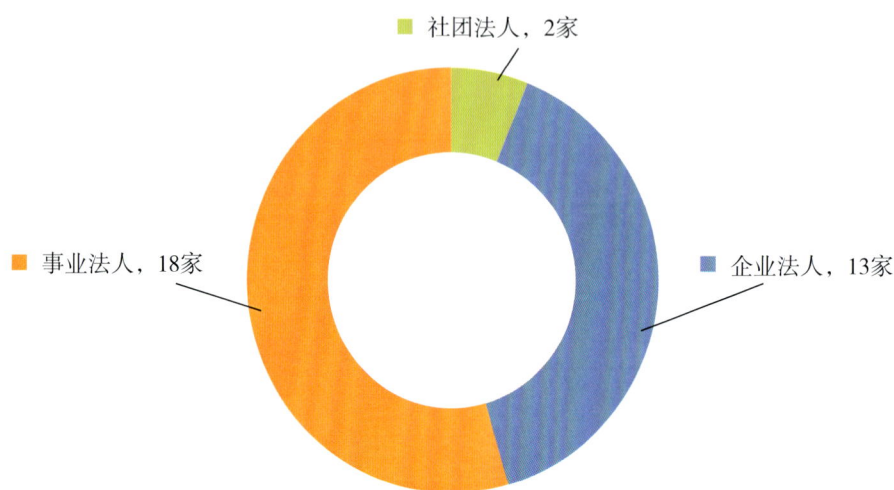

社团法人，2家

事业法人，18家

企业法人，13家

图 6 - 1　国家技术转移示范机构按法人类型划分

（二）机构类型

政府所属机构占比居第一。国家技术转移示范机构按机构主体类型分为高等院校、科研院所、政府所属机构、独立第三方市场化机构、技术（产权）交易机构 5 种类型。其中，高等院校技术转移机构 7 家，科研院所技术转移机构 7 家，政府所属机构 13 家，技术（产权）交易机构 1 家，独立第三方市场化机构 5 家。政府所属（事业单位、协会组织）技术转移机构主要包括科技开发交流中心、生产力中心、成果转化中心、咨询中心、检测中心等具有部分政府职能的机构，如广东省农业技术转移与扩散中心、深圳市华创科技创新成果产业转化中心、深圳市技术转移促进中心等，数量占总机构数的近四成。科研院所技术转移机构中，中科院技术转移机构 6 家，占比为 85.71%（图 6 - 2、附表 31）。

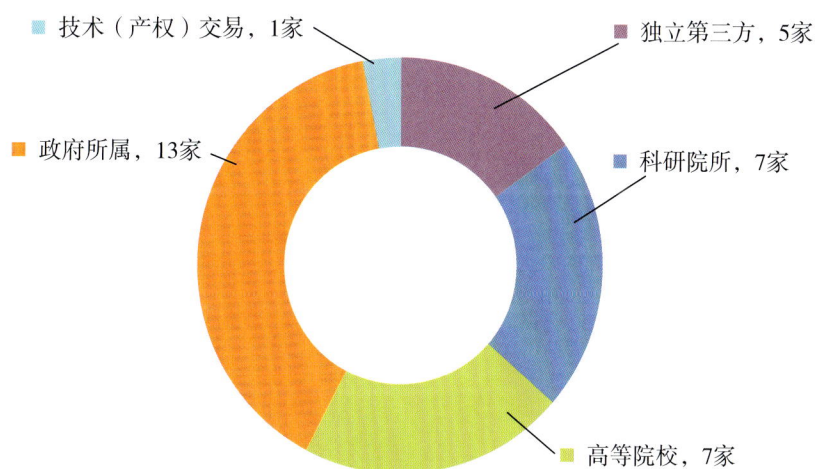

技术（产权）交易，1家   独立第三方，5家

政府所属，13家   科研院所，7家

高等院校，7家

图 6 - 2　国家技术转移示范机构按机构类型划分

（三）区域分布

深圳、广州国家技术转移示范机构超七成，技术转移最为活跃。33 家国家技术转移示范机构主要分布在珠三角地区，深圳 13 家，广州 12 家，东莞 4 家，中山 3 家，佛山 1 家（图 6-3）。

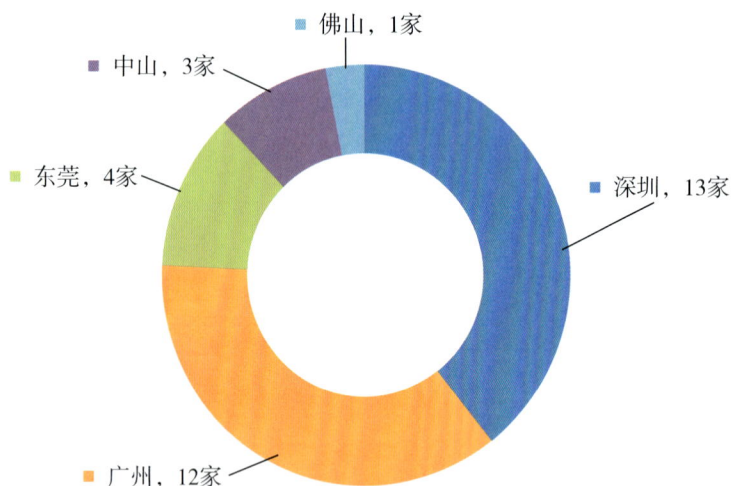

图 6-3　国家技术转移示范机构按区域划分

（四）人员构成

技术经纪人规模小，占比仅一成。截至 2018 年底，33 家国家技术转移示范机构共有从业人员 4 217 人，其中专职从事技术转移人员 1 317 人，占机构总人数的 31.23%；技术经纪人 434 人，占机构总人数的 10.29%；大学本科以上人员 2 587 人，占机构总人数的 61.35%；中级职称以上人员 1 185 人，占机构总人数的 28.10%。大学本科以上人员超六成，中级职称以上人员近三成，国家技术转移示范机构从业人员素质较高，但是职业化复合型的技术经纪人严重不足（图 6-4）。

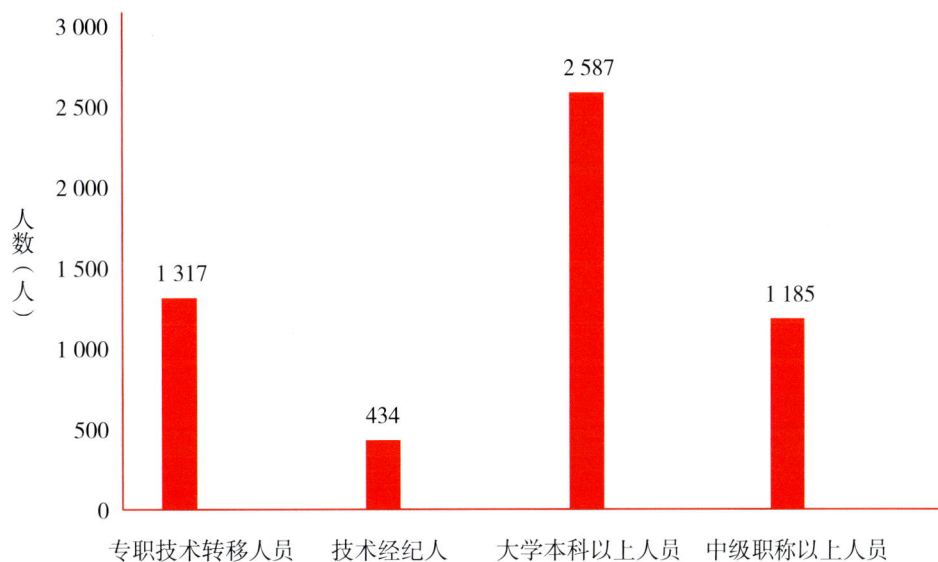

图6-4　国家技术转移示范机构人员构成

（五）服务业绩

2018年，33家国家技术转移示范机构共促成技术转移项目3 903项，成交金额为46.77亿元，占全省技术合同成交总额的3.37%。其中，促成战略性新兴产业技术转移项目934项，成交额为41.99亿元；促成公共财政投入计划项目的转移转化438项，成交额5.40亿元；促成重大技术转移项目（1 000万元以上）33项，成交额4.01亿元；促成国际技术转移项目35项，成交额1.11亿元。33家国家技术转移示范机构组织技术推广和交易活动931次；组织技术转移培训16 945人次；服务企业20 744家；解决企业需求4 215次（图6-5）。

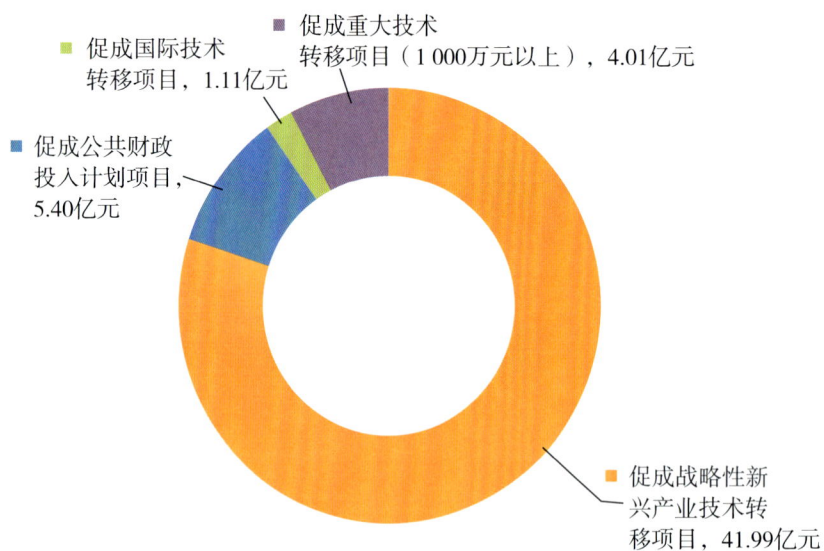

图 6-5　国家技术转移示范机构技术合同成交额分布情况

附　录

中华人民共和国合同法

(1999 年 3 月 15 日第九届全国人民代表大会第二次会议通过，1999 年 3 月 15 日中华人民共和国主席令第十五号公布，自 1999 年 10 月 1 日起施行)

(选录第十八章)

第十八章　技术合同

第三百二十二条　定义

技术合同是当事人就技术开发、转让、咨询或者服务订立的确立相互之间权利和义务的合同。

第三百二十三条　订立技术合同的原则

订立技术合同，应当有利于科学技术的进步，加速科学技术成果的转化、应用和推广。

第三百二十四条　技术合同的主要条款

技术合同的内容由当事人约定，一般包括以下条款：

(一) 项目名称；

(二) 标的的内容、范围和要求；

(三) 履行的计划、进度、期限、地点、地域和方式；

(四) 技术情报和资料的保密；

(五) 风险责任的承担；

(六) 技术成果的归属和收益的分成办法；

(七) 验收标准和方法；

（八）价款、报酬或者使用费及其支付方式；

（九）违约金或者损失赔偿的计算方法；

（十）解决争议的方法；

（十一）名词和术语的解释。

与履行合同有关的技术背景资料、可行性论证和技术评价报告、项目任务书和计划书、技术标准、技术规范、原始设计和工艺文件，以及其他技术文档，按照当事人的约定可以作为合同的组成部分。技术合同涉及专利的，应当注明发明创造的名称、专利申请人和专利权人、申请日期、申请号、专利号以及专利权的有效期限。

第三百二十五条　技术合同价款、报酬或使用费

技术合同价款、报酬或者使用费的支付方式由当事人约定，可以采取一次总算、一次总付或者一次总算、分期支付，也可以采取提成支付或者提成支付附加预付入门费的方式。约定提成支付的，可以按照产品价格、实施专利和使用技术秘密后新增的产值、利润或者产品销售额的一定比例提成，也可以按照约定的其他方式计算。提成支付的比例可以采取固定比例、逐年递增比例或者逐年递减比例。约定提成支付的，当事人应当在合同中约定查阅有关会计账目的办法。

第三百二十六条　职务技术成果的经济权属

职务技术成果的使用权、转让权属于法人或者其他组织的，法人或者其他组织可以就该项职务技术成果订立技术合同。法人或者其他组织应当从使用和转让该项职务技术成果所取得的收益中提取一定比例，对完成该项职务技术成果的个人给予奖励或者报酬。法人或者其他组织订立技术合同转让职务技术成果时，职务技术成果的完成人享有以同等条件优先受让的权利。职务技术成果是执行法人或者其他组织的工作任务，或者主要是利用法人或者其他组织的物质技术条件所完成的技术成果。

第三百二十七条　非职务技术成果的经济权属

非职务技术成果的使用权、转让权属于完成技术成果的个人，完成技术成果的个人可

以就该项非职务技术成果订立技术合同。

第三百二十八条　技术成果的精神权属

完成技术成果的个人有在有关技术成果文件上写明自己是技术成果完成者的权利和取得荣誉证书、奖励的权利。

第三百二十九条　技术合同的无效

非法垄断技术、妨碍技术进步或者侵害他人技术成果的技术合同无效。

第三百三十条　定义及合同形式

技术开发合同是指当事人之间就新技术、新产品、新工艺或者新材料及其系统的研究开发所订立的合同。技术开发合同包括委托开发合同和合作开发合同。技术开发合同应当采用书面形式。当事人之间就具有产业应用价值的科技成果实施转化订立的合同，参照技术开发合同的规定。

第三百三十一条　委托人义务

委托开发合同的委托人应当按照约定支付研究开发经费和报酬；提供技术资料、原始数据；完成协作事项；接受研究开发成果。

第三百三十二条　受托人义务

委托开发合同的研究开发人应当按照约定制定和实施研究开发计划；合理使用研究开发经费；按期完成研究开发工作，交付研究开发成果，提供有关的技术资料和必要的技术指导，帮助委托人掌握研究开发成果。

第三百三十三条　委托人的违约责任

委托人违反约定造成研究开发工作停滞、延误或者失败的，应当承担违约责任。

第三百三十四条　受托人的违约责任

研究开发人违反约定造成研究开发工作停滞、延误或者失败的，应当承担违约责任。

第三百三十五条　合作开发各方的主要义务

合作开发合同的当事人应当按照约定进行投资，包括以技术进行投资；分工参与研究开发工作；协作配合研究开发工作。

第三百三十六条　合作开发各方的违约责任

合作开发合同的当事人违反约定造成研究开发工作停滞、延误或者失败的，应当承担违约责任。

第三百三十七条　合同的解除

因作为技术开发合同标的的技术已经由他人公开，致使技术开发合同的履行没有意义的，当事人可以解除合同。

第三百三十八条　风险负担及通知义务

在技术开发合同履行过程中，因出现无法克服的技术困难，致使研究开发失败或者部分失败的，该风险责任由当事人约定。没有约定或者约定不明确，依照本法第六十一条的规定仍不能确定的，风险责任由当事人合理分担。当事人一方发现前款规定的可能致使研究开发失败或者部分失败的情形时，应当及时通知另一方并采取适当措施减少损失。没有及时通知并采取适当措施，致使损失扩大的，应当就扩大的损失承担责任。

第三百三十九条　技术成果的归属

委托开发完成的发明创造，除当事人另有约定的以外，申请专利的权利属于研究开发人。研究开发人取得专利权的，委托人可以免费实施该专利。研究开发人转让专利申请权的，委托人享有以同等条件优先受让的权利。

第三百四十条　合作开发技术成果的归属

合作开发完成的发明创造，除当事人另有约定的以外，申请专利的权利属于合作开发的当事人共有。当事人一方转让其共有的专利申请权的，其他各方享有以同等条件优先受让的权利。合作开发的当事人一方声明放弃其共有的专利申请权的，可以由另一方单独申请或者由其他各方共同申请。申请人取得专利权的，放弃专利申请权的一方可以免费实施该专利。合作开发的当事人一方不同意申请专利的，另一方或者其他各方不得申请专利。

第三百四十一条　技术秘密成果的归属与分享

委托开发或者合作开发完成的技术秘密成果的使用权、转让权以及利益的分配办法，由当事人约定。没有约定或者约定不明确，依照本法第六十一条的规定仍不能确定的，当事人均有使用和转让的权利，但委托开发的研究开发人不得在向委托人交付研究开发成果之前，将研究开发成果转让给第三人。

第三百四十二条　内容及形式

技术转让合同包括专利权转让、专利申请权转让、技术秘密转让、专利实施许可合同。技术转让合同应当采用书面形式。

第三百四十三条　技术转让范围的约定

技术转让合同可以约定让与人和受让人实施专利或者使用技术秘密的范围，但不得限制技术竞争和技术发展。

第三百四十四条　专利实施许可合同的限制

专利实施许可合同只在该专利权的存续期间内有效。专利权有效期限届满或者专利权被宣布无效的，专利权人不得就该专利与他人订立专利实施许可合同。

第三百四十五条　专利实施许可合同让与人主要义务

专利实施许可合同的让与人应当按照约定许可受让人实施专利，交付实施专利有关的技术资料，提供必要的技术指导。

第三百四十六条　专利实施许可合同受让人主要义务

专利实施许可合同的受让人应当按照约定实施专利，不得许可约定以外的第三人实施该专利；并按照约定支付使用费。

第三百四十七条　技术秘密转让合同让与人的义务

技术秘密转让合同的让与人应当按照约定提供技术资料，进行技术指导，保证技术的实用性、可靠性，承担保密义务。

第三百四十八条　技术秘密转让合同的受让人义务

技术秘密转让合同的受让人应当按照约定使用技术，支付使用费，承担保密义务。

第三百四十九条　技术转让合同让与人基本义务

技术转让合同的让与人应当保证自己是所提供的技术的合法拥有者，并保证所提供的技术完整、无误、有效，能够达到约定的目标。

第三百五十条　技术转让合同受让人技术保密义务

技术转让合同的受让人应当按照约定的范围和期限，对让与人提供的技术中尚未公开的秘密部分，承担保密义务。

第三百五十一条　让与人违约责任

让与人未按照约定转让技术的，应当返还部分或者全部使用费，并应当承担违约责任；实施专利或者使用技术秘密超越约定的范围的，违反约定擅自许可第三人实施该项专利或者使用该项技术秘密的，应当停止违约行为，承担违约责任；违反约定的保密义务的，应当承担违约责任。

第三百五十二条　受让人违约责任

受让人未按照约定支付使用费的，应当补交使用费并按照约定支付违约金；不补交使用费或者支付违约金的，应当停止实施专利或者使用技术秘密，交还技术资料，承担违约责任；实施专利或者使用技术秘密超越约定的范围的，未经让与人同意擅自许可第三人实施该专利或者使用该技术秘密的，应当停止违约行为，承担违约责任；违反约定的保密义务的，应当承担违约责任。

第三百五十三条　技术合同让与人侵权责任

受让人按照约定实施专利、使用技术秘密侵害他人合法权益的，由让与人承担责任，但当事人另有约定的除外。

第三百五十四条　后续技术成果的归属与分享

当事人可以按照互利的原则，在技术转让合同中约定实施专利、使用技术秘密后续改进的技术成果的分享办法。没有约定或者约定不明确，依照本法第六十一条的规定仍不能确定的，一方后续改进的技术成果，其他各方无权分享。

第三百五十五条　技术进出口合同的法律适用

法律、行政法规对技术进出口合同或者专利、专利申请合同另有规定的，依照其规定。

第三百五十六条　内容

技术咨询合同包括就特定技术项目提供可行性论证、技术预测、专题技术调查、分析评价报告等合同。技术服务合同是指当事人一方以技术知识为另一方解决特定技术问题所订立的合同，不包括建设工程合同和承揽合同。

第三百五十七条　技术咨询合同委托人主要义务

技术咨询合同的委托人应当按照约定阐明咨询的问题，提供技术背景材料及有关技术资料、数据；接受受托人的工作成果，支付报酬。

第三百五十八条　技术咨询合同受托人主要义务

技术咨询合同的受托人应当按照约定的期限完成咨询报告或者解答问题；提出的咨询报告应当达到约定的要求。

第三百五十九条　委托人与受托人的违约责任

技术咨询合同的委托人未按照约定提供必要的资料和数据，影响工作进度和质量，不接受或者逾期接受工作成果的，支付的报酬不得追回，未支付的报酬应当支付。技术咨询合同的受托人未按期提出咨询报告或者提出的咨询报告不符合约定的，应当承担减收或者免收报酬等违约责任。技术咨询合同的委托人按照受托人符合约定要求的咨询报告和意见作出决策所造成的损失，由委托人承担，但当事人另有约定的除外。

第三百六十条　技术服务合同委托人义务

技术服务合同的委托人应当按照约定提供工作条件，完成配合事项；接受工作成果并支付报酬。

第三百六十一条　技术服务合同受托人义务

技术服务合同的受托人应当按照约定完成服务项目，解决技术问题，保证工作质量，并传授解决技术问题的知识。

第三百六十二条　技术服务合同双方当事人的违约责任

技术服务合同的委托人不履行合同义务或者履行合同义务不符合约定，影响工作进度和质量，不接受或者逾期接受工作成果的，支付的报酬不得追回，未支付的报酬应当支付。技术服务合同的受托人未按照合同约定完成服务工作的，应当承担免收报酬等违约责任。

第三百六十三条　新创技术成果的归属和分享

在技术咨询合同、技术服务合同履行过程中，受托人利用委托人提供的技术资料和工作条件完成的新的技术成果，属于受托人。委托人利用受托人的工作成果完成的新的技术成果，属于委托人。当事人另有约定的，按照其约定。

第三百六十四条　技术培训合同、技术中介合同的法律适用

法律、行政法规对技术中介合同、技术培训合同另有规定的，依照其规定。

技术合同认定登记管理办法

（国科发政字〔2000〕63 号）

第一条　为了规范技术合同认定登记工作，加强技术市场管理，保障国家有关促进科技成果转化政策的贯彻落实，制定本办法。

第二条　本办法适用于法人、个人和其他组织依法订立的技术开发合同、技术转让合同、技术咨询合同和技术服务合同的认定登记工作。

法人、个人和其他组织依法订立的技术培训合同、技术中介合同，可以参照本办法规定申请认定登记。

第三条　科学技术部管理全国技术合同认定登记工作。省、自治区、直辖市和计划单列市科学技术行政部门管理本行政区划的技术合同认定登记工作。地、市、区、县科学技术行政部门设技术合同登记机构，具体负责办理技术合同的认定登记工作。

第四条　省、自治区、直辖市和计划单列市科学技术行政部门及技术合同登记机构，应当通过技术合同的认定登记，加强对技术市场和科技成果转化工作的指导、管理和服务，并进行相关的技术市场统计和分析工作。

第五条　法人和其他组织按照国家有关规定，根据所订立的技术合同，从技术开发、技术转让、技术咨询和技术服务的净收入中提取一定比例作为奖励和报酬，给予职务技术成果完成人和为成果转化做出重要贡献人员的，应当申请对相关的技术合同进行认定登记，并依照有关规定提取奖金和报酬。

第六条　未申请认定登记和未予登记的技术合同，不得享受国家对有关促进科技成果转化规定的税收、信贷和奖励等方面的优惠政策。

第七条　经认定登记的技术合同，当事人可以持认定登记证明，向主管税务机关提出申请，经审核批准后，享受国家规定的税收优惠政策。

第八条　技术合同认定登记实行按地域一次登记制度。技术开发合同的研究开发人、技术转让合同的让与人、技术咨询和技术服务合同的受托人，以及技术培训合同的培训人、技术中介合同的中介人，应当在合同成立后向所在地区的技术合同登记机构提出认定登记申请。

第九条　当事人申请技术合同认定登记，应当向技术合同登记机构提交完整的书面合同文本和相关附件。合同文本可以采用由科学技术部监制的技术合同示范文本；采用其他书面合同文本的，应当符合《中华人民共和国合同法》的有关规定。

采用口头形式订立技术合同的，技术合同登记机构不予受理。

第十条　技术合同登记机构应当对当事人提交申请认定登记的合同文本及相关附件进行审查，认为合同内容不完整或者有关附件不齐全的，应当以书面形式要求当事人在规定的时间内补正。

第十一条　申请认定登记的合同应当根据《中华人民共和国合同法》的规定，使用技术开发、技术转让、技术咨询、技术服务等规范名称，完整准确地表达合同内容。使用其他名称或者所述内容在认定合同性质上引起混乱的，技术合同登记机构应当退回当事人补正。

第十二条　技术合同的认定登记，以当事人提交的合同文本和有关材料为依据，以国家有关法律、法规和政策为准绳。当事人应当在合同中明确相互权利与义务关系，如实反映技术交易的实际情况。当事人在合同文本中作虚假表示，骗取技术合同登记证明的，应当对其后果承担责任。

第十三条　技术合同登记机构对当事人所提交的合同文本和有关材料进行审查和认定。其主要事项是：

（一）是否属于技术合同；

（二）分类登记；

（三）核定技术性收入。

第十四条　技术合同登记机构应当自受理认定登记申请之日起 30 日内完成认定登记

事项。技术合同登记机构对认定符合登记条件的合同，应当分类登记和存档，向当事人发给技术合同登记证明，并载明经核定的技术性收入额。对认定为非技术合同或者不符合登记条件的合同，应当不予登记，并在合同文本上注明"未予登记"字样，退还当事人。

第十五条　申请认定登记的合同，涉及国家安全或者重大利益需要保密的，技术合同登记机构应当采取措施保守国家秘密。

当事人在合同中约定了保密义务的，技术合同登记机构应当保守有关技术秘密，维护当事人的合法权益。

第十六条　当事人对技术合同登记机构的认定结论有异议的，可以按照《中华人民共和国行政复议法》的规定申请行政复议。

第十七条　财政、税务等机关在审核享受有关优惠政策的申请时，认为技术合同登记机构的认定有误的，可以要求原技术合同登记机构重新认定。财政、税务等机关对重新认定的技术合同仍认为认定有误的，可以按国家有关规定对当事人享受相关优惠政策的申请不予审批。

第十八条　经技术合同登记机构认定登记的合同，当事人协商一致变更、转让或者解除，以及被有关机关撤销、宣布无效时，应当向原技术合同登记机构办理变更登记或者注销登记手续。变更登记的，应当重新核定技术性收入；注销登记的，应当及时通知有关财政、税务机关。

第十九条　省、自治区、直辖市和计划单列市科学技术行政部门应当加强对技术合同登记机构和登记人员的管理，建立健全技术合同登记岗位责任制，加强对技术合同登记人员的业务培训和考核，保证技术合同登记人员的工作质量和效率。

技术合同登记机构进行技术合同认定登记工作所需经费，按国家有关规定执行。

第二十条　对于订立假技术合同或者以弄虚作假、采取欺骗手段取得技术合同登记证明的，由省、自治区、直辖市和计划单列市科学技术行政部门会同有关部门予以查处。涉及偷税的，由税务机关依法处理；违反国家财务制度的，由财政部门依法处理。

第二十一条　技术合同登记机构在认定登记工作中，发现当事人有利用合同危害国家利益、社会公共利益的违法行为的，应当及时通知省、自治区、直辖市和计划单列市科学技术行政部门进行监督处理。

第二十二条　省、自治区、直辖市和计划单列市科学技术行政部门发现技术合同登记机构管理混乱、统计失实、违规登记的，应当通报批评、责令限期整顿，并可给予直接责任人员行政处分。

第二十三条　技术合同登记机构违反本办法第十五条规定，泄露国家秘密的，按照国家有关规定追究其负责人和直接责任人员的法律责任；泄露技术合同约定的技术秘密，给当事人造成损失的，应当承担相应的法律责任。

第二十四条　本办法自发布之日起施行。1990 年 7 月 6 日原国家科学技术委员会发布的《技术合同认定登记管理办法》同时废止。

技术合同认定规则

（国科发政字〔2001〕253号）

第一章　一般规定

第一条　为推动技术创新，加速科技成果转化，保障国家有关促进科技成果转化法律法规和政策的实施，加强技术市场管理，根据《中华人民共和国合同法》及科技部、财政部、国家税务总局《技术合同认定登记管理办法》的规定，制定本规则。

第二条　技术合同认定是指根据《技术合同认定登记管理办法》设立的技术合同登记机构对技术合同当事人申请认定登记的合同文本从技术上进行核查，确认其是否符合技术合同要求的专项管理工作。

技术合同登记机构应当对申请认定登记的合同是否属于技术合同及属于何种技术合同作出结论，并核定其技术交易额（技术性收入）。

第三条　技术合同认定登记应当贯彻依法认定、客观准确、高效服务、严格管理的工作原则，提高认定质量，切实保障国家有关促进科技成果转化财税优惠政策的落实。

第四条　本规则适用于自然人（个人）、法人、其他组织之间依据《中华人民共和国合同法》第十八章的规定，就下列技术开发、技术转让、技术咨询和技术服务活动所订立的确立民事权利与义务关系的技术合同：

（一）技术开发合同

1. 委托开发技术合同

2. 合作开发技术合同

（二）技术转让合同

1. 专利权转让合同

2. 专利申请权转让合同

3. 专利实施许可合同

4. 技术秘密转让合同

（三）技术咨询合同

（四）技术服务合同

1. 技术服务合同

2. 技术培训合同

3. 技术中介合同

第五条　《中华人民共和国合同法》分则部分所列的其他合同，不得按技术合同登记。但其合同标的中明显含有技术开发、转让、咨询或服务内容，其技术交易部分能独立成立并且合同当事人单独订立合同的，可以就其单独订立的合同申请认定登记。

第六条　以技术入股方式订立的合同，可按技术转让合同认定登记。

以技术开发、转让、咨询或服务为内容的技术承包合同，可根据承包项目的性质和具体技术内容确定合同的类型，并予以认定登记。

第七条　当事人申请认定登记技术合同，应当向技术合同登记机构提交合同的书面文本。技术合同登记机构可以要求当事人一并出具与该合同有关的证明文件。当事人拒绝出具或者所出具的证明文件不符合要求的，不予登记。各技术合同登记机构应当向当事人推荐和介绍由科学技术部印制的《技术合同示范文本》，供当事人在签订技术合同时参照使用。

第八条　申请认定登记的技术合同应当是依法已经生效的合同。当事人以合同书形式订立的合同，自双方当事人签字或者盖章时成立。依法成立的合同，自成立时生效。法律、行政法规规定应当办理批准、登记等手续生效的，依照其规定，在批准、登记后生效，如专利申请权转让合同、专利权转让合同等。

当事人为法人的技术合同，应当有其法定代表人或者其授权的人员在合同上签名或者盖章，并加盖法人的公章或者合同专用章；当事人为自然人的技术合同，应当有其本人在合同上签名或者盖章；当事人为其他组织的合同，应当有该组织负责人在合同上签名或者盖章，并加盖组织的印章。

印章不齐备或者印章与书写名称不一致的，不予登记。

第九条　法人、其他组织的内部职能机构或课题组订立的技术合同申请认定登记的，应当在申请认定登记时提交其法定代表人或组织负责人的书面授权证明。

第十条　当事人就承担国家科技计划项目而与有关计划主管部门或者项目执行部门订立的技术合同申请认定登记，符合《中华人民共和国合同法》的规定并附有有关计划主管部门或者项目执行部门的批准文件的，技术合同登记机构应予受理，并进行认定登记。

第十一条　申请认定登记的技术合同，其标的范围不受行业、专业和科技领域限制。

第十二条　申请认定登记的技术合同，其技术标的或内容不得违反国家有关法律法规的强制性规定和限制性要求。

第十三条　技术合同标的涉及法律法规规定投产前需经有关部门审批或领取生产许可证的产品技术，当事人应当在办理有关审批手续或生产许可证后，持合同文本及有关批准文件申请认定登记。

第十四条　申请认定登记的合同涉及当事人商业秘密（包括经营信息和技术信息）的，当事人应当以书面方式向技术合同登记机构提出保密要求。

当事人未提出保密要求，而所申请认定登记的合同中约定了当事人保密义务的，技术合同登记机构应当主动保守当事人有关的技术秘密，维护其合法权益。

第十五条　申请认定登记的技术合同下列主要条款不明确的，不予登记：

（一）合同主体不明确的；

（二）合同标的不明确，不能使登记人员了解其技术内容的；

（三）合同价款、报酬、使用费等约定不明确的。

第十六条　约定担保条款（定金、抵押、保证等）并以此为合同成立条件的技术合同，申请认定登记时当事人担保义务尚未履行的，不予登记。

第十七条　申请认定登记的技术合同，合同名称与合同中的权利义务关系不一致的，技术合同登记机构应当要求当事人补正后重新申请认定登记；拒不补正的，不予登记。

第十八条　申请认定登记的技术合同，其合同条款含有下列非法垄断技术、妨碍技术进步等不合理限制条款的，不予登记：

（一）一方限制另一方在合同标的技术的基础上进行新的研究开发的；

（二）一方强制性要求另一方在合同标的基础上研究开发所取得的科技成果及其知识产权独占回授的；

（三）一方限制另一方从其他渠道吸收竞争技术的；

（四）一方限制另一方根据市场需求实施专利和使用技术秘密的。

第十九条　申请认定登记的技术合同，当事人约定提交有关技术成果的载体，不得超出合理的数量范围。技术成果载体数量的合理范围，按以下原则认定：

（一）技术文件（包括技术方案、产品和工艺设计、工程设计图纸、试验报告及其他文字性技术资料），以通常掌握该技术和必要存档所需份数为限；

（二）磁盘、光盘等软件性技术载体、动植物（包括转基因动植物）新品种、微生物菌种，以及样品、样机等产品技术和硬件性技术载体，以当事人进行必要试验和掌握、使用该技术所需数量为限；

（三）成套技术设备和试验装置一般限于1~2套。

第二章　技术开发合同

第二十条　技术开发合同是当事人之间就新技术、新产品、新工艺、新材料、新品种及其系统的研究开发所订立的合同。技术开发合同包括委托开发合同和合作开发合同。委托开发合同是一方当事人委托另一方当事人进行研究开发工作并提供相应研究开发经费和报酬所订立的技术开发合同。合作开发合同是当事人各方就共同进行研究开发工作所订立的技术开发合同。

第二十一条　技术开发合同的认定条件是：

（一）有明确、具体的科学研究和技术开发目标；

（二）合同标的为当事人在订立合同时尚未掌握的技术方案；

（三）研究开发工作及其预期成果有相应的技术创新内容。

第二十二条 单纯以揭示自然现象、规律和特征为目标的基础性研究项目所订立的合同，以及软科学研究项目所订立的合同，不予登记。

第二十三条 下列各项符合本规则第二十一条规定的，属于技术开发合同：

（一）小试、中试技术成果的产业化开发项目；

（二）技术改造项目；

（三）成套技术设备和试验装置的技术改进项目；

（四）引进技术和设备消化、吸收基础上的创新开发项目；

（五）信息技术的研究开发项目，包括语言系统、过程控制、管理工程、特定专家系统、计算机辅助设计、计算机集成制造系统等，但软件复制和无原创性的程序编制的除外；

（六）自然资源的开发利用项目；

（七）治理污染、保护环境和生态项目；

（八）其他科技成果转化项目。

前款各项中属一般设备维修、改装、常规的设计变更及其已有技术直接应用于产品生产的，不属于技术开发合同。

第二十四条 下列合同不属于技术开发合同：

（一）合同标的为当事人已经掌握的技术方案，包括已完成产业化开发的产品、工艺、材料及其系统；

（二）合同标的为通过简单改变尺寸、参数、排列，或者通过类似技术手段的变换实现的产品改型、工艺变更以及材料配方调整；

（三）合同标的为一般检验、测试、鉴定、仿制和应用。

第三章　技术转让合同

第二十五条　技术转让合同是当事人之间就专利权转让、专利申请权转让、专利实施许可、技术秘密转让所订立的下列合同：

（一）专利权转让合同，是指一方当事人（让与方）将其发明创造专利权转让受让方，受让方支付相应价款而订立的合同；

（二）专利申请权转让合同，是指一方当事人（让与方）将其就特定的发明创造申请专利的权利转让受让方，受让方支付相应价款而订立的合同；

（三）专利实施许可合同，是指一方当事人（让与方、专利权人或者其授权的人）许可受让方在约定的范围内实施专利，受让方支付相应的使用费而订立的合同；

（四）技术秘密转让合同，是指一方当事人（让与方）将其拥有的技术秘密提供给受让方，明确相互之间技术秘密使用权、转让权，受让方支付相应使用费而订立的合同。

第二十六条　技术转让合同的认定条件是：

（一）合同标的为当事人订立合同时已经掌握的技术成果，包括发明创造专利、技术秘密及其他知识产权成果；

（二）合同标的具有完整性和实用性，相关技术内容应构成一项产品、工艺、材料、品种及其改进的技术方案；

（三）当事人对合同标的有明确的知识产权权属约定。

第二十七条　当事人就植物新品种权转让和实施许可、集成电路布图设计权转让与许可订立的合同，按技术转让合同认定登记。

第二十八条　当事人就技术进出口项目订立的合同，可参照技术转让合同予以认定登记。

第二十九条　申请认定登记的技术合同，其标的涉及专利申请权、专利权、植物新品种权、集成电路布图设计权的，当事人应当提交相应的知识产权权利证书复印件。无相应证书复印件或者在有关知识产权终止、被宣告无效后申请认定登记的，不予登记。

申请认定登记的技术合同，其标的涉及计算机软件著作权的，可以提示当事人提供计算机软件著作权登记证明的复印件。

第三十条　申请认定登记的技术合同，其标的为技术秘密的，该项技术秘密应同时具备以下条件：

（一）不为公众所知悉；

（二）能为权利人带来经济利益；

（三）具有实用性；

（四）权利人采取了保密措施。

前款技术秘密可以含有公知技术成分或者部分公知技术的组合。但其全或者实质性部分已经公开，即可以直接从公共信息渠道中直接得到的，不应认定为技术转让合同。

第三十一条　申请认定登记的技术合同，其合同标的为进入公有领域的知识、技术、经验和信息等（如专利权或有关知识产权已经终止的技术成果），或者技术秘密转让未约定使用权、转让权归属的，不应认定为技术转让合同。

前款合同标的符合技术咨询合同、技术服务合同条件的，可由当事人补正后，按技术咨询合同、技术服务合同重新申请认定登记。

第三十二条　申请认定登记的技术合同，其合同标的仅为高新技术产品交易，不包含技术转让成分的，不应认定为技术转让合同。

随高新技术产品提供用户的有关产品性能和使用方法等商业性说明材料，也不属于技术成果文件。

第四章　技术咨询合同

第三十三条　技术咨询合同是一方当事人（受托方）为另一方（委托方）就特定技术项目提供可行性论证、技术预测、专题技术调查、分析评价所订立的合同。

第三十四条　技术咨询合同的认定条件是：

（一）合同标的为特定技术项目的咨询课题；

（二）咨询方式为运用科学知识和技术手段进行的分析、论证、评价和预测；

（三）工作成果是为委托方提供科技咨询报告和意见。

第三十五条　下列各项符合本规则第三十四条规定的，属于技术咨询合同：

（一）科学发展战略和规划的研究；

（二）技术政策和技术路线选择的研究；

（三）重大工程项目、研究开发项目、科技成果转化项目、重要技术改造和科技成果推广项目等的可行性分析；

（四）技术成果、重大工程和特定技术系统的技术评估；

（五）特定技术领域、行业、专业技术发展的技术预测；

（六）就区域、产业科技开发与创新及特定技术项目进行的技术调查、分析与论证；

（七）技术产品、服务、工艺分析和技术方案的比较与选择；

（八）专用设施、设备、仪器、装置及技术系统的技术性能分析；

（九）科技评估和技术查新项目。

前款项目中涉及新的技术成果研究开发或现有技术成果转让的，可根据其技术内容的比重确定合同性质，分别认定为技术开发合同、技术转让合同或者技术咨询合同。

第三十六条　申请认定登记的技术合同，其标的为大、中型建设工程项目前期技术分析论证的，可以认定为技术咨询合同。但属于建设工程承包合同一部分、不能独立成立的情况除外。

第三十七条　就解决特定技术项目提出实施方案，进行技术服务和实施指导所订立的合同，不属于技术咨询合同。符合技术服务合同条件的，可退回当事人补正后，按技术服务合同重新申请认定登记。

第三十八条　下列合同不属于技术咨询合同：

（一）就经济分析、法律咨询、社会发展项目的论证、评价和调查所订立的合同；

（二）就购买设备、仪器、原材料、配套产品等提供商业信息所订立的合同。

第五章　技术服务合同

第三十九条　技术服务合同是一方当事人（受托方）以技术知识为另一方（委托方）解决特定技术问题所订立的合同。

第四十条　技术服务合同的认定条件是：

（一）合同的标的为运用专业技术知识、经验和信息解决特定技术问题的服务性项目；

（二）服务内容为改进产品结构、改良工艺流程、提高产品质量、降低产品成本、节约资源能耗、保护资源环境、实现安全操作、提高经济效益和社会效益等专业技术工作；

（三）工作成果有具体的质量和数量指标；

（四）技术知识的传递不涉及专利、技术秘密成果及其他知识产权的权属。

第四十一条　下列各项符合本规则第四十条规定，且该专业技术项目有明确技术问题和解决难度的，属于技术服务合同：

（一）产品设计服务，包括关键零部件、国产化配套件、专用工模量具及工装设计和具有特殊技术要求的非标准设备的设计，以及其他改进产品结构的设计；

（二）工艺服务，包括有特殊技术要求的工艺编制、新产品试制中的工艺技术指导，以及其他工艺流程的改进设计；

（三）测试分析服务，包括有特殊技术要求的技术成果测试分析、新产品、新材料、植物新品种性能的测试分析，以及其他非标准化的测试分析；

（四）计算机技术应用服务，包括计算机硬件、软件、嵌入式系统、计算机网络技术的应用服务，计算机辅助设计系统（CAD）和计算机集成制造系统（CIMS）的推广、应用和技术指导等；

（五）新型或者复杂生产线的调试及技术指导；

（六）特定技术项目的信息加工、分析和检索；

（七）农业的产前、产中、产后技术服务，包括为技术成果推广，以及为提高农业产量、品质、发展新品种、降低消耗、提高经济效益和社会效益的有关技术服务。

（八）为特殊产品技术标准的制订；

（九）对动植物细胞植入特定基因、进行基因重组；

（十）对重大事故进行定性定量技术分析；

（十一）为重大科技成果进行定性定量技术鉴定或者评价。

前款各项属于当事人一般日常经营业务范围的，不应认定为技术服务合同。

第四十二条　下列合同不属于技术服务合同：

（一）以常规手段或者为生产经营目的进行一般加工、定作、修理、修缮、广告、印刷、测绘、标准化测试等订立的加工承揽合同和建设工程的勘察、设计、安装、施工、监理合同。但以非常规技术手段，解决复杂、特殊技术问题而单独订立的合同除外。

（二）就描晒复印图纸、翻译资料、摄影摄像等所订立的合同；

（三）计量检定单位就强制性计量检定所订立的合同；

（四）理化测试分析单位就仪器设备的购售、租赁及用户服务所订立的合同。

第六章　技术培训合同和技术中介合同

第四十三条　技术培训合同是当事人一方委托另一方对指定的专业技术人员进行特定项目的技术指导和业务训练所订立的合同。技术培训合同是技术服务合同中的一种，在认定登记时应按技术培训合同单独予以登记。

第四十四条　技术培训合同的认定条件是：

（一）以传授特定技术项目的专业技术知识为合同的主要标的；

（二）培训对象为委托方指定的与特定技术项目有关的专业技术人员；

（三）技术指导和专业训练的内容不涉及有关知识产权权利的转移。

第四十五条　技术开发、技术转让等合同中涉及技术培训内容的，应按技术开发合同或技术转让合同认定，不应就其技术培训内容单独认定登记。

第四十六条　下列培训教育活动，不属于技术培训合同：

（一）当事人就其员工业务素质、文化学习和职业技能等进行的培训活动；

（二）为销售技术产品而就有关该产品性能、功能及使用、操作进行的培训活动。

第四十七条　技术中介合同是当事人一方（中介方）以知识、技术、经验和信息为另一方与第三方订立技术合同、实现技术创新和科技成果产业化进行联系、介绍、组织工业化开发并对履行合同提供专门服务所订立的合同。技术中介合同是技术服务合同中的一种，在认定登记时应按技术中介合同单独予以登记。

第四十八条　技术中介合同的认定条件是：

（一）技术中介的目的是促成委托方与第三方进行技术交易，实现科技成果的转化；

（二）技术中介的内容应为特定的技术成果或技术项目；

（三）中介方应符合国家有关技术中介主体的资格要求。

第四十九条　技术中介合同可以以下列两种形式订立：

（一）中介方与委托方单独订立的有关技术中介业务的合同；

（二）在委托方与第三方订立的技术合同中载明中介方权利与义务的有关中介条款。

第五十条　根据当事人申请，技术中介合同可以与其涉及的技术合同一起认定登记，也可以单独认定登记。

第七章　核定技术性收入

第五十一条　技术合同登记机构应当对申请认定登记合同的交易总额和技术交易额进行审查，核定技术性收入。申请认定登记的合同，应当载明合同交易总额、技术交易额。申请认定登记时不能确定合同交易总额、技术交易额的，或者在履行合同中金额发生变化的，当事人应当在办理减免税或提取奖酬金手续前予以补正。不予补正并违反国家有关法律法规的，应承担相应的法律责任。

第五十二条　本规则第五十一条用语的含义是：

（一）合同交易总额是指技术合同成交项目的总金额；

（二）技术交易额是指从合同交易总额中扣除购置设备、仪器、零部件、原材料等非技术性费用后的剩余金额，但合理数量标的物的直接成本不计入非技术性费用；

（三）技术性收入是指履行合同后所获得的价款、使用费、报酬的金额。

第五十三条　企业、事业单位和其他组织按照国家有关政策减免税、提取奖酬金和其他技术劳务费用，应当以技术合同登记机构核定的技术交易额或技术性收入为基数计算。

第八章　附则

第五十四条　本规则自 2001 年 7 月 18 日起施行。1990 年 7 月 27 日原国家科委发布的《技术合同认定规则（试行）》同时废止。

国家技术转移示范机构管理办法

(国科发火字〔2007〕565 号)

第一章　总则

第一条　为落实《国家中长期科学和技术发展规划纲要（2006—2020 年)》，推进科技进步和自主创新，加速我国的知识流动和技术转移，促进技术转移机构的健康发展，规范技术转移机构的管理，根据国家有关法律、法规和政策，特制定本办法。

第二条　本办法所指的技术转移是指制造某种产品、应用某种工艺或提供某种服务的系统知识，通过各种途径从技术供给方向技术需求方转移的过程。

技术转移机构，是指为实现和加速上述过程提供各类服务的机构，包括技术经纪、技术集成与经营和技术投融资服务机构等，但单纯提供信息、法律、咨询、金融等服务的除外。

技术转移机构可以是独立的法人机构、法人的内设机构。

第三条　技术转移机构是以企业为主体、市场为导向、产学研相结合的技术创新体系的重要组成部分，是促进知识流动和技术转移的关键环节，是区域创新体系的重要内容。

第四条　国家及地方各级科技行政部门负责对全国及所在地区的技术转移机构进行宏观管理和业务指导。

第二章　主要功能与业务范围

第五条　技术转移机构的主要功能是促进知识流动和技术转移，其业务范围是：

（一）对技术信息的搜集、筛选、分析、加工；

（二）技术转让与技术代理；

（三）技术集成与二次开发；

（四）提供中试、工程化等设计服务、技术标准、测试分析服务等；

（五）技术咨询、技术评估、技术培训、技术产权交易、技术招标代理、技术投融资等服务；

（六）提供技术交易信息服务平台、网络等；

（七）其他有关促进技术转移的活动。

第六条　大学和科研机构应建立技术转移机构或机制，整合大学和科研院所的内部资源，将其承担的国家重大科技计划、竞争前技术与共性关键技术研发、引导战略产业的原始创新和重点领域的集成创新所形成的成果，尽快转移和扩散到企业。

第七条　现有的综合性技术交易服务机构应发挥区域技术交易枢纽的作用，利用公共信息服务平台，提供覆盖技术转移全程的一站式、网络化的技术转移公共服务。

第八条　为提高技术转移服务的专业化水平与质量，鼓励建立专业性技术转移机构，支持现有技术转移机构向专业化方向发展，围绕一个或几个特定技术领域开展技术转移服务。

第三章　国家技术转移示范机构的评定与管理

第九条　国务院科技行政部门负责国家技术转移示范机构（以下简称示范机构）的管理工作，在综合考核评价的基础上，评定一批服务能力强、业绩显著、模式明确的国家技术转移示范机构，使其发挥示范带动作用，并培养其成为国家技术转移的骨干机构。

第十条　申报国家技术转移示范机构，应当具备下列条件：

（一）符合国家产业政策，发展方向明确，有符合本机构实际情况和发展要求的经营理念。

（二）有适合机构本身发展要求的独特商业模式、特色经营项目和核心竞争力。

（三）有两年以上从事技术转移业务的经历。

（四）有符合条件的经营场所；有满足经营要求的办公设备和条件；有独立的网站；有稳定的客户群及长期合作伙伴。

（五）机构主要领导者具有较强的开拓创新精神、丰富的实践经验及较高的管理水平；有符合规定的专职人员，综合性技术转移机构专职人员在 20 人以上；人员结构及部门设置合理，管理人员中具有大专以上学历的占 80% 以上；科技人员的比例不得低于本机构从业人员总数的 60%。

（六）管理规范，规章制度健全，有明确的从事技术转移服务的章程、客户管理服务规范和程序、健全的内部管理制度、科学合理的员工激励和惩处制度。

（七）有较显著的服务业绩，经营状况良好。

（八）在行业内有较高的认知度和知名度；连续两年无投诉、无诉讼，或有投诉但机构无责任，有诉讼但从未败诉。

第十一条　申报国家技术转移示范机构，由符合条件的技术转移机构提出申请，经其主管部门审核同意，报省、自治区、直辖市、计划单列市或行业科技行政部门，由其择优推荐给国务院科技行政部门。

第十二条　国务院科技行政部门组织专家进行评审，依据评审意见评定"国家技术转移示范机构"并予公布。被评定为国家技术转移示范机构的单位与其主管部门的隶属关系不变。

第十三条　国务院科技行政部门将定期对国家技术转移示范机构进行考核，考核工作按照国务院科技行政部门相关机构发布的《国家技术转移示范机构评价指标体系（试行）》执行。对连续两年不能达到标准的机构，将取消其国家技术转移示范机构的资格。

第四章　扶持与促进

第十四条　根据《中华人民共和国促进科技成果转化法》和《中华人民共和国中小企业促进法》等法律、法规及《国家技术转移促进行动实施方案》，各地政府及其相关部门应在财政、税收、人才等方面为技术转移机构提供政策支持。

第十五条　国务院科技行政部门将技术转移机构的管理工作纳入国家创新环境与产业化建设的内容。在国家科技计划中安排技术转移经费，对国家技术转移示范机构的技术转移行为进行补助以支持其能力建设。

第十六条　地方和行业科技行政部门要将技术转移机构的管理工作纳入当地及本行业的科技发展计划，为技术转移机构的建设和发展提供必要的经费和条件支持。

第十七条　国务院科技行政部门将不定期对国家技术转移示范机构的工作进行评价和总结，并对做出突出贡献的单位和个人给予表彰。

第五章　附则

第十八条　地方和行业科技行政主管部门可参照本办法制定相关细则。

第十九条　本办法由国务院科技行政部门负责解释，自发布之日起施行。

全省技术合同认定登记机构清单

（截至 2018 年 12 月 31 日）

序号	登记机构名称	所属科技行政主管部门 （省或市）	登记点类型
1	广东省技术市场协会	广东省科学技术厅	一级登记点
2	华南理工大学	华南理工大学	一级登记点
3	国家知识产权局专利局广州代办处	广东省市场监督管理局	一级登记点
4	广州市南沙区经贸科技和信息化局 科技管理处	广州市南沙区经贸科技和 信息化局	一级登记点
5	珠海市横琴新区商务局科工信科	珠海市横琴新区商务局	一级登记点
6	广州市科技创新委员会 （广州市技术合同认定登记核准部门）	广州市科技创新委员会	一级登记点
7	全国科研新技术新产品展销中心 （广州第一登记点）	广州市科技创新委员会	二级登记点
8	广州科技园科技交流服务中心 （广州第二登记点）	广州市科技创新委员会	二级登记点
9	广州市职工技术协会 （广州第三登记点）	广州市科技创新委员会	二级登记点
10	广州市科技咨询中心 （广州第四登记点）	广州市科技创新委员会	二级登记点
11	广州市软件行业协会 （广州第五登记点）	广州市科技创新委员会	二级登记点
12	广州市知识产权信息中心 （广州第六登记点）	广州市科技创新委员会	二级登记点
13	广州开发区科技创新局 （广州第七登记点）	广州市科技创新委员会	二级登记点

（续上表）

序号	登记机构名称	所属科技行政主管部门 （省或市）	登记点类型
14	广州市技术市场中心 （广州第八登记点）	广州市科技创新委员会	二级登记点
15	广州产权交易所广州技术产权 交易中心（广州第九登记点）	广州市科技创新委员会	二级登记点
16	广州博士信息技术研究院有限公司 （广州第十登记点）	广州市科技创新委员会	二级登记点
17	广州生产力促进中心 （广州第十一登记点）	广州市科技创新委员会	二级登记点
18	广州市白云区生产力促进中心 （广州第十二登记点）	广州市科技创新委员会	二级登记点
19	广州市番禺区生产力促进中心 （广州第十三登记点）	广州市科技创新委员会	二级登记点
20	广州服务贸易与服务外包行业协会 （广州第十四登记点）	广州市科技创新委员会	二级登记点
21	广州市中小企业服务中心 （广州第十五登记点）	广州市科技创新委员会	二级登记点
22	广州市花都区高新技术创业服务中心 （广州第十七登记点）	广州市科技创新委员会	二级登记点
23	广州知识产权交易中心有限公司 （广州第十八登记点）	广州市科技创新委员会	二级登记点
24	广州市南沙区科技创业服务中心 （广州第十六登记点）	广州市南沙区经贸科技和 信息化局	二级登记点
25	深圳技术转移促进中心	深圳市科技创新委员会	一级登记点

（续上表）

序号	登记机构名称	所属科技行政主管部门 （省或市）	登记点类型
26	珠海市科技和工业信息化局成果科	珠海市科技创新局	一级登记点
27	珠海市横琴国际知识产权 交易中心有限公司	珠海市科技创新局	二级登记点
28	佛山市科学技术局	佛山市科学技术局	一级登记点
29	佛山市顺德区科学技术局	佛山市科学技术局	一级登记点
30	佛山市科技服务业协会	佛山市科学技术局	二级登记点
31	佛广东佰国联合投资实业有限公司	佛山市科学技术局	二级登记点
32	佛山科学技术学院	佛山市科学技术局	二级登记点
33	佛山市南海区广工大数控装备 协同创新研究院	佛山市科学技术局	二级登记点
34	佛山市高明区高新技术产业协会	佛山市科学技术局	二级登记点
35	佛山市高明区科企生产力促进中心	佛山市科学技术局	二级登记点
36	佛山市三水区乐平镇产业 服务创新中心	佛山市科学技术局	二级登记点
37	佛山职业技术学院	佛山市科学技术局	二级登记点
38	东莞市科学技术局科服科	东莞市科学技术局	一级登记点
39	中山市科学技术局科技服务管理科	中山市科学技术局	一级登记点
40	中山市生产力促进中心	中山市科学技术局	二级登记点
41	江门市科技局成果科	江门市科技局	一级登记点
42	江门市蓬江区科学技术局	江门市科技局	二级登记点
43	江门高新技术产业开发区科技创新局	江门市科技局	二级登记点
44	江门市新会区科学技术局	江门市科技局	二级登记点
45	开平市科工商务局	江门市科技局	二级登记点

（续上表）

序号	登记机构名称	所属科技行政主管部门 （省或市）	登记点类型
46	鹤山市科工商务局	江门市科技局	二级登记点
47	台山市科工商务局	江门市科技局	二级登记点
48	恩平市科工商务局	江门市科技局	二级登记点
49	五邑大学	江门市科技局	二级登记点
50	惠州市科学技术局成果科	惠州市科学技术局	一级登记点
51	汕尾市科学技术局科技业务科	汕尾市科学技术局	一级登记点
52	汕头市科学技术局成果科	汕头市科学技术局	一级登记点
53	韶关市科学技术局科技服务与管理科	韶关市科学技术局	一级登记点
54	梅州市科学技术局科技服务与管理科	梅州市科学技术局	一级登记点
55	河源市科学技术局高新科	河源市科学技术局	一级登记点
56	阳江市科学技术局成果科	阳江市科学技术局	一级登记点
57	湛江市科学技术局成果科	湛江市科学技术局	一级登记点
58	茂名市科学技术局计划科	茂名市科学技术局	一级登记点
59	肇庆市科学技术局成果科	肇庆市科学技术局	一级登记点
60	清远市科学技术局专利成果科	清远市科学技术局	一级登记点
61	潮州市科学技术局科技管理科	潮州市科学技术局	一级登记点
62	揭阳市科技局科技服务科	揭阳市科学技术局	一级登记点
63	云浮市科技局科技服务与管理科	云浮市科学技术局	一级登记点

　　注："登记点类型"是指技术合同认定登记点因级别和权限所属的类型，其中一级登记点为省级和市级登记点，有审核和批复权限；二级登记点为区县级登记点，有审核权限，无批复权限。

附　表

附表 1　2018 年全国及部分省市合同成交额情况

排序	省市	成交额 （亿元）	交易额 （亿元）	交易额占 成交额比 重（％）	GDP （亿元）	成交额占 GDP 比重 （％）	R&D 经费 （亿元）	成交额占 R&D 经费 比重（％）
	全国	17 697.42	12 911.53	72.96	896 915.60	1.97	19 677.90	89.94
1	北京	4 957.82	4 069.51	82.08	30 319.98	16.35	1 870.80	265.01
2	广东	1 387.00	1 339.41	96.57	97 277.77	1.43	2 704.70	51.28
3	上海	1 303.20	1 034.59	79.39	32 679.87	3.99	1 359.20	95.88
4	湖北	1 237.19	661.75	53.49	39 366.55	3.14	822.10	150.49
5	江苏	1 152.64	819.45	71.09	92 595.40	1.24	2 504.40	46.02
6	陕西	1 125.28	824.39	73.26	24 438.32	4.60	532.40	211.36
7	四川	1 004.18	410.99	40.93	40 678.13	2.47	737.10	136.23

附表 2　2017—2018 年广东省技术合同类别类别构成

合同类别	2018 年				2017 年			
	合同数 （项）	成交额			合同数 （项）	成交额		
		金额 （亿元）	增长 （％）	占比 （％）		金额 （亿元）	增长 （％）	占比 （％）
技术开发	15 242	717.45	35.95	51.73	13 065	527.73	90.30	55.58
技术转让	1 406	307.68	17.46	22.18	1 405	261.95	−24.15	27.59
技术咨询	1 942	8.62	902.33	0.62	389	0.86	−33.85	0.09
技术服务	5 340	353.25	122.25	25.47	2 564	158.94	−4.10	16.74
合计	23 930	1 387.00	46.08	100.00	17 423	949.48	20.24	100.00

附表3　2018年广东省各类技术合同类别构成

合同类别		合同数		成交额		
		项数（项）	增长（%）	金额（亿元）	增长（%）	占比（%）
技术开发	合计	15 242	16.66	717.45	35.95	51.73
	委托开发	14 728	17.31	631.65	59.93	45.54
	合作开发	514	0.78	85.80	−35.38	6.19
技术转让	合计	1 406	0.07	307.68	17.46	22.18
	技术秘密转让	756	2.58	204.25	6.83	14.73
	专利实施许可转让	147	−23.04	77.57	28.75	5.59
	专利权转让	404	1.51	17.16	208.63	1.24
	专利申请权转让	36	0.00	0.48	−40.74	0.03
	计算机软件著作权转让	35	75.00	3.11	298.72	0.22
	植物新品种权转让	5	−16.67	0.04	−33.33	0.00
	生物、医药新品种权转让	1	−75.00	1.80	400.00	0.13
	其他	22	83.33	3.27	11.60	0.24
技术咨询		1 942	399.23	8.62	902.33	0.62
技术服务	合计	5 340	108.27	353.25	122.25	25.47
	一般性技术服务	5 251	105.04	353.12	122.17	25.46
	技术中介	15		0.06		0.00
	技术培训	74	2 366.67	0.08		0.01
合计		23 930	37.35	1 387.00	46.08	100.00

附表4　2018 年广东省技术合同知识产权构成

知识产权		合同数		成交额		
		项数（项）	增长（%）	金额（亿元）	增长（%）	占比（%）
技术秘密		6 791	57.71	505.00	33.80	36.41
专利	合计	813	−12.39	88.80	36.01	6.40
	发明专利	545	−6.36	47.88	−21.41	3.45
	实用新型专利	230	−15.13	10.50	229.15	0.76
	外观设计专利	38	−49.33	30.42	2 500.00	2.19
计算机软件著作权		5 762	7.64	102.67	−4.38	7.40
植物新品种		27	−6.90	0.21	−46.15	0.02
集成电路布图设计专有权		70	204.35	1.84	234.55	0.13
生物、医药新品种		112	124.00	20.85	−36.45	1.50
设计著作权		353	209.65	25.53	475.00	1.84
未涉及知识产权		10 002	51.09	642.10	77.77	46.29
合计		23 930	37.35	1 387.00	46.08	100.00

附表5　2018 年广东省技术合同技术领域构成

技术领域	合同数		成交额		
	项数（项）	增长（%）	金额（亿元）	增长（%）	占比（%）
电子信息	16 434	31.68	849.87	21.56	61.27
现代交通	344	82.01	130.14	39.58	9.38
生物、医药和医疗器械	1 247	50.79	91.23	11.71	6.58
先进制造	1 036	17.86	82.55	183.68	5.95
城市建设与社会发展	1 968	67.20	121.61	652.07	8.77
新能源与高效节能	697	55.23	58.84	411.65	4.24
新材料及其应用	673	33.53	11.73	86.19	0.85
航空航天	141	12.80	21.87	275.13	1.58
农业	598	67.04	3.04	−8.98	0.22
环境保护与资源综合利用	785	82.98	15.92	402.21	1.15

（续上表）

技术领域	合同数		成交额		
	项数（项）	增长（%）	金额（亿元）	增长（%）	占比（%）
核应用	7	16.67	0.19	375.00	0.01
合计	23 930	37.35	1 387.00	46.08	100.00

附表6 2018年广东省技术合同科技计划项目类别构成

计划来源	合同数		成交额		
	项数（项）	增长（%）	金额（亿元）	增长（%）	占比（%）
国家科技计划	2 595	59.50	61.78	149.11	4.45
部门计划	898	29.96	8.16	27.10	0.59
省（自治区、直辖市）及计划单列市计划	2 059	34.05	39.18	26.55	2.83
地市县计划	617	42.49	56.85	1 096.84	4.10
计划外	17 761	35.21	1 221.03	38.35	88.03
合计	23 930	37.35	1 387.00	46.08	100.00

附表7 2018年广东省1 000万元以上重大技术合同构成

合同类别	合同数		成交额		
	项数（项）	增长（%）	金额（亿元）	增长（%）	占比（%）
技术开发	748	43.85	564.74	40.01	48.17
技术转让	249	31.05	290.34	17.11	24.76
技术咨询	7		1.42		0.12
技术服务	291	153.04	315.98	114.88	26.95
合计	1 295	56.97	1 172.48	46.86	100.00

附表 8　广东省重大技术合同技术领域和知识产权构成

构成		合同数（项）	成交额		
			金额（亿元）	增幅（％）	占比（％）
技术领域	电子信息	884	697.31	18.84	59.47
	现代交通	42	127.84	38.99	10.90
	城市建设与社会发展	99	102.38	1 023.51	8.73
	生物、医药和医疗器械	69	79.28	11.14	6.76
	先进制造	60	73.27	250.48	6.25
	新能源与高效节能	87	54.59	535.00	4.66
	航空航天	6	19.50	362.55	1.66
	环境保护与资源综合利用	21	10.85	3 341.81	0.93
	新材料及其应用	24	7.04	99.05	0.60
	农业	2	0.27	-82.83	0.02
	核应用	1	0.15		0.01
	合计	1 295	1 172.48	46.86	100.00
知识产权	未涉及知识产权	668	555.78	80.61	47.40
	技术秘密	392	437.47	29.88	37.31
	专利	66	80.72	40.97	6.88
	计算机软件著作权	142	57.68	-5.22	4.92
	设计著作权	16	20.36	559.63	1.74
	生物、医药新品种	8	19.89	-38.34	1.70
	集成电路布图设计专有权	3	0.58	164.17	0.05
	合计	1 295	1 172.48	46.86	100.00

附表 9　2018 年广东省技术合同技术交易双方构成

卖方类别 / 买方类别	合计 合同数（项）	合计 成交额（亿元）	机关法人 合同数（项）	机关法人 成交额（亿元）	事业法人 合同数（项）	事业法人 成交额（亿元）	社团法人 合同数（项）	社团法人 成交额（亿元）	企业法人 合同数（项）	企业法人 成交额（亿元）	自然人 合同数（项）	自然人 成交额（亿元）	其他组织 合同数（项）	其他组织 成交额（亿元）
合计	23 930	1 387.00	250	6.24	3 630	24.40	289	53.10	19 582	1 300.99	124	1.79	55	0.47
机关法人	2 994	70.46	0	0.00	402	3.12	7	0.01	2 547	66.88	34	0.41	4	0.03
事业法人	1 990	30.03	1	0.08	524	4.76	2	0.01	1 458	25.17	4	0.02	1	0.00
社团法人	104	5.94	0	0.00	26	0.05	1	0.00	74	5.88	3	0.01	0	0.00
企业法人	18 552	1 275.42	249	6.17	2 603	15.99	279	53.08	15 297	1 198.54	74	1.20	50	0.44
自然人	111	1.67	0	0.00	55	0.21	0	0.00	47	1.30	9	0.16	0	0.00
其他组织	179	3.49	0	0.00	20	0.27	0	0.00	159	3.22	0	0.00	0	0.00

附表 10　2018 年广东省技术合同技术输出方类别

卖方类别	合同数 项数（项）	合同数 增长（%）	成交额 金额（亿元）	成交额 增长（%）	成交额 占比（%）
机关法人	250	6 150.00	6.25	1 983.33	0.45
事业法人	3 630	11.32	24.40	28.49	1.76
社团法人	289	290.54	53.10	106.21	3.83
企业法人	19 582	40.60	1 300.99	45.50	93.80
自然人	124	18.10	1.79	−81.81	0.13
其他组织	55	5.77	0.47	11.90	0.03
合计	23 930	37.35	1 387.00	46.08	100.00

附表 11　2018 年广东省技术合同各类技术输出方机构成交情况

卖方类别		合同数		成交额		
		项数（项）	增长（%）	金额（亿元）	增长（%）	占比（%）
机关法人		250	6150.00	6.25	1 983.33	0.45
事业法人	合计	3 630	11.32	24.40	28.49	1.76
	科研机构	1 146	104.28	10.93	82.78	0.79
	高等院校	2 332	− 11.50	11.86	− 6.25	0.86
	医疗、卫生	3		0.02	− 90.91	0.00
	其他	149	140.32	1.59	1 035.71	0.11
社团法人		289	290.54	53.10	106.21	3.83
企业法人	合计	19 582	40.60	1 300.99	45.50	93.80
	内资企业	18 195	41.11	1 048.53	43.83	75.60
	港澳台商投资企业	412	11.65	93.43	197.93	6.74
	外商投资企业	702	74.63	136.18	9.96	9.82
	个体经营	164	10.81	5.93	32.07	0.43
	境外企业	109	− 4.39	16.92	209.32	1.22
自然人		124	18.10	1.79	− 81.81	0.13
其他组织		55	5.77	0.47	11.90	0.03
合计		23 930	37.35	1 387.00	46.08	100.00

附表 12　2018 年广东省技术合同技术吸纳方类别

买方类别	合同数		成交额		
	项数（项）	增长（%）	金额（亿元）	增长（%）	占比（%）
机关法人	2 994	1.70	70.46	50.54	5.08
事业法人	1 990	− 4.10	30.02	− 24.38	2.16
社团法人	104	− 3.70	5.94	786.57	0.43

（续上表）

买方类别	合同数		成交额		
	项数（项）	增长（%）	金额（亿元）	增长（%）	占比（%）
企业法人	18 552	53.69	1 275.42	21.07	91.96
自然人	111	3.74	1.67	89.77	0.12
其他组织	179	51.69	3.49	25.09	0.25
合计	23 930	37.35	1 387.00	46.08	100.00

附表13　2018年广东省技术合同各类技术吸纳方机构成交情况

买方类别		合同数		成交额		
		项数（项）	增长（%）	金额（亿元）	增长（%）	占比（%）
机关法人		2 994	1.70	70.46	21.07	5.08
事业法人	合计	1 990	-4.10	30.02	-24.38	2.16
	科研机构	496	-1.39	5.46	0.18	0.39
	高等院校	272	-2.16	9.82	616.79	0.71
	医疗、卫生	286	-17.82	1.32	-89.01	0.10
	其他	936	-1.06	13.42	-35.70	0.97
社团法人		104	-3.70	5.94	786.57	0.43
企业法人	合计	18 552	0.54	1 275.42	50.54	91.96
	内资企业	11 884	0.11	765.51	19.14	55.19
	港澳台商投资企业	381	0.15	26.51	-30.82	1.91
	外商投资企业	428	0.39	103.52	698.15	7.46
	个体经营	164	0.28	1.25	190.70	0.09
	境外企业	5 695	9.15	378.63	147.52	27.30
自然人		111	3.74	1.67	89.77	0.12
其他组织		179	51.69	3.49	25.09	0.25
合计		23 930	37.35	1 387.00	46.08	100.00

附表 14　2018 年广东省技术合同社会—经济目标构成

社会—经济目标	合同数		成交额		
	项数（项）	增长率（%）	金额（亿元）	增长（%）	占比（%）
环境保护、生态建设及污染防治	1 409	163.86	24.51	389.31	1.77
能源生产、分配和合理利用	569	13.35	15.09	134.39	1.09
卫生事业发展	789	17.06	43.44	114.72	3.13
教育事业发展	412	64.80	3.94	140.45	0.28
基础设施以及城市和农村规划	470	38.64	70.12	349.60	5.06
社会发展和社会服务	7 209	23.29	357.25	35.26	25.76
地球和大气层的探索与利用	57	185.00	0.76	211.04	0.05
民用空间探测及开发	70	16.67	1.03	10.12	0.07
农林牧渔业发展	720	37.14	27.68	496.67	2.00
工商业发展	7 813	17.08	551.56	7.43	39.77
非定向研究	719	266.84	86.57	2 636.28	6.24
其他民用目标	3 580	109.85	202.42	83.92	14.59
国防	113	16.49	2.64	−34.17	0.19
合计	23 930	37.35	1 387.00	46.08	100.00

附表 15　2017—2018 年广东省各地市技术合同认定登记情况

地市	2018 年				2017 年		
	合同数（项）	成交额			合同数（项）	成交额	
		金额（亿元）	增长（％）	排名		金额（亿元）	排名
广州市	12 158	719.38	101.22	1	6 612	357.51	2
深圳市	9 751	576.93	3.93	2	9 048	555.09	1
珠海市	386	40.90	310.15	3	386	9.97	3
东莞市	272	18.32	94.56	4	252	9.42	4
江门市	374	9.65	105.35	5	295	4.70	5
佛山市	342	7.47	179.53	6	328	2.67	8
云浮市	1	3.67	20.95	7	1	3.04	6
中山市	242	3.40	153.47	8	135	1.34	9
惠州市	33	3.19	14.86	9	42	2.78	7
清远市	12	2.02	13 183.78	10	4	0.02	17
韶关市	8	0.75	1 081.85	11	3	0.06	16
湛江市	185	0.41	−50.97	12	192	0.84	10
揭阳市	6	0.33	−33.22	13	3	0.49	12
梅州市	30	0.21	−65.90	14	29	0.62	11
肇庆市	11	0.21	−34.32	14	33	0.32	13
汕头市	19	0.09	−72.43	15	26	0.31	14
茂名市	72	0.04	−84.91	16	18	0.26	15
河源市	21	0.03	117.15	17	6	0.01	18
汕尾市	3	0.01	231.18	18	1	0.00	19
潮州市	4	0.00	−77.03	19	6	0.01	18
阳江市	0	0.00		20	3	0.01	18
合计	23 930	1 387.00	44.24		17 423	949.48	

附表 16　2017—2018 年广东省各地市输出技术合同情况

地市	2018 年				2017 年		
	合同数（项）	成交额			合同数（项）	成交额	
		金额（亿元）	增长（%）	排名		金额（亿元）	排名
广州市	12 057	703.69	98.85	1	6 497	353.89	2
深圳市	9 771	576.56	3.99	2	9 038	554.44	1
珠海市	392	50.22	425.21	3	347	9.56	3
东莞市	285	10.56	27.05	4	256	8.31	4
佛山市	349	7.33	234.55	5	324	2.19	6
中山市	224	3.93	183.39	6	149	1.39	8
江门市	194	3.73	113.28	7	181	1.75	7
惠州市	37	2.85	16.63	8	60	2.45	5
清远市	12	2.02	13 183.78	9	4	0.02	17
韶关市	7	0.74	1 066.01	10	3	0.06	15
湛江市	188	0.42	−46.57	11	191	0.79	9
揭阳市	8	0.34	−32.21	12	3	0.49	12
梅州市	30	0.27	−61.29	13	35	0.69	10
汕头市	22	0.09	−83.21	14	28	0.55	11
肇庆市	10	0.09	−52.54	14	20	0.19	14
茂名市	72	0.04	−84.91	15	18	0.26	13
河源市	20	0.03	302.38	16	4	0.01	19
汕尾市	3	0.01	231.18	17	1	0.00	20
云浮市	1	0.00		18	0	0.00	21
阳江市	1	0.00	−98.28	18	11	0.03	16
潮州市	3	0.00	−97.54	18	6	0.01	18
合计	23 686	1 362.90	45.44		17 176	937.07	

附表17　2017—2018年广东省各地市吸纳技术合同情况

| 地市 | 2018 年 | | | | 2017 年 | | |
| | 合同数（项） | 成交额 | | | 合同数（项） | 成交额 | |
		金额（亿元）	增长（%）	排名		金额（亿元）	排名
广州市	6 304	258.99	181.82	1	3617	91.90	3
深圳市	4 696	177.47	−12.92	2	4165	203.81	1
东莞市	624	78.22	−22.19	3	489	100.53	2
江门市	514	11.96	131.46	4	391	5.17	7
珠海市	398	10.99	−22.20	5	312	14.12	4
佛山市	707	7.09	−8.62	6	578	7.75	5
揭阳市	63	6.83	1 678.71	7	26	0.38	19
肇庆市	130	6.49	261.43	8	104	1.80	10
惠州市	209	5.91	−4.56	9	200	6.19	6
云浮市	84	4.59	42.97	10	32	3.21	9
梅州市	139	3.59	162.20	11	78	1.37	12
清远市	96	3.04	352.78	12	85	0.67	16
汕尾市	71	2.86	521.64	13	42	0.46	18
汕头市	120	2.56	186.89	14	76	0.89	13
中山市	452	2.43	47.05	15	268	1.65	11
韶关市	130	1.48	72.36	16	66	0.86	14
湛江市	186	1.27	62.69	17	143	0.78	15
茂名市	150	1.00	115.05	18	76	0.47	17
河源市	91	0.84	−75.97	19	66	3.50	8
阳江市	76	0.59	115.06	20	69	0.28	20
潮州市	45	0.28	359.87	21	29	0.06	21
合计	15 285	588.47	31.99		10 912	445.85	

附表 18　2017—2018 年广东省高等院校合同类别构成

合同类别	2018 年				2017 年			
	合同项数（项）	成交额			合同项数（项）	成交额		
		金额（亿元）	增长率（%）	占比（%）		金额（亿元）	增长率（%）	占比（%）
技术开发	1 330	7.48	5.29	65.56	1 261	7.11	58.51	58.46
技术转让	142	0.89	−51.16	7.79	245	1.82	227.52	14.98
技术咨询	137	0.37	−1.29	3.23	221	0.37	−37.60	3.07
技术服务	686	2.67	−6.41	23.42	875	2.86	28.91	23.50
合计	2 295	11.42	−6.12	100.00	2 602	12.16	54.81	100.00

附表 19　2018 年广东省高等院校各类技术合同构成

合同类别		合同数		成交额		
		项数（项）	增长（%）	金额（亿元）	增长（%）	占比（%）
技术开发	合计	1 330	5.47	7.48	5.29	65.56
	委托开发	1 106	6.67	5.81	7.49	50.90
	合作开发	224	−0.44	1.67	−1.71	14.66
技术转让	合计	142	−42.04	0.89	−51.16	7.79
	技术秘密转让	7	−53.33	0.41	−68.23	3.63
	专利权转让	97	−49.21	0.30	28.10	2.66
	专利申请权转让	13	30.00	0.02	27.05	0.19
	专利实施许可转让	19	−13.64	0.11	−52.57	0.93
	计算机软件著作权转让	2	100.00	0.00	−56.67	0.01
	植物新品种权转让	4	0.00	0.04	31.25	0.37
技术咨询		137	−38.01	0.37	−1.29	3.23

（续上表）

合同类别		合同数		成交额		
		项数（项）	增长（%）	金额（亿元）	增长（%）	占比（%）
技术服务	合计	686	−21.60	2.67	−6.41	23.42
	一般性技术服务	676	−22.48	2.67	−6.38	23.40
	技术培训	10	233.33	0.00	−27.76	0.02
合计		2 295	−11.80	11.42	−6.12	100.00

附表20　2018年广东省高等院校技术合同知识产权构成

知识产权	合同数		成交额		
	项数（项）	增长（%）	金额（亿元）	增长（%）	占比（%）
合计	2 295	−11.80	11.42	−6.12	100.00
未涉及知识产权	1 343	−26.89	7.14	−17.50	62.56
技术秘密	749	65.34	3.19	31.65	27.92
专利	129	−46.91	0.49	−28.38	4.33
生物、医药新品种	31	19.23	0.42	74.71	3.69
植物新品种	6	−14.29	0.05	37.64	0.43
计算机软件著作权	20	25.00	0.05	−37.26	0.43
设计著作权	14	−26.32	0.04	29.10	0.36
集成电路布图设计专有权	3	200.00	0.03	540.00	0.28

附表21　2018年广东省高等院校技术合同技术领域构成

技术领域	合同数		成交额		
	项数（项）	增长（%）	金额（亿元）	增长（%）	占比（%）
城市建设与社会发展	333	−44.50	2.80	−21.98	24.50
生物、医药和医疗器械	258	−1.15	1.95	32.26	17.10
电子信息	472	13.19	1.74	−9.67	15.20

（续上表）

技术领域	合同数		成交额		
	项数（项）	增长（%）	金额（亿元）	增长（%）	占比（%）
新材料及其应用	358	6.55	1.28	−12.21	11.20
新能源与高效节能	162	−22.12	0.98	−4.48	8.58
环境保护与资源综合利用	155	−17.11	0.80	−18.59	7.04
先进制造	257	−21.17	0.75	−4.99	6.57
现代交通	143	72.29	0.64	180.49	5.64
农业	134	−20.71	0.41	−36.97	3.57
航空航天	20	42.86	0.06	50.64	0.57
核应用	3	200.00	0.00	1 208.02	0.03
合计	2 295	−11.80	11.42	−6.12	100.00

附表 22　2018 年广东省高等院校技术合同社会—经济目标构成

社会—经济目标	合同数		成交额		
	项数（项）	增长率（%）	金额（亿元）	增长（%）	占比（%）
社会发展和社会服务	338	−68.73	1.97	−59.20	17.29
基础设施以及城市和农村规划	177	136.00	1.94	597.90	17.03
工商业发展	427	5.69	1.51	−30.99	13.22
其他民用目标	456	68.27	1.48	127.01	12.99
能源生产、分配和合理利用	187	20.65	1.27	7.05	11.17
卫生事业发展	127	12.39	1.00	6.81	8.74
农林牧渔业发展	174	−4.40	0.75	−5.18	6.57
环境保护、生态建设及污染防治	200	20.48	0.60	−35.67	5.28
非定向研究	93	57.63	0.40	158.59	3.49
教育事业发展	77	22.22	0.29	214.58	2.53

（续上表）

社会—经济目标	合同数		成交额		
	项数（项）	增长率（％）	金额（亿元）	增长（％）	占比（％）
国防	22	22.22	0.10	64.55	0.87
民用空间探测及开发	12	−7.69	0.08	118.03	0.74
地球和大气层的探索与利用	5	150.00	0.01	150.91	0.07
合计	2 295	−11.80	11.42	−6.12	100.00

表 23　2018 年广东省高等院校技术交易计划类别构成

计划类别	合同数		成交额		
	项数（项）	增长率（％）	金额（亿元）	增长率（％）	占比（％）
国家科技计划	46	155.56	0.24	229.07	2.09
部门计划	39	18.18	0.08	−17.50	0.71
省、自治区、直辖市及计划单列市计划	51	−42.05	0.27	−53.36	2.40
地市县计划	68	−9.33	0.20	57.61	1.72
计划外	2 091	−12.44	10.63	−5.77	93.08
合计	2 295	−11.80	11.42	−6.12	100.00

表 24　2017—2018 年广东省科研机构合同类别构成

合同类别	2018 年				2017 年			
	合同数（项）	成交额			合同数（项）	成交额		
		金额（亿元）	增长（％）	占比（％）		金额（亿元）	增长（％）	占比（％）
技术开发	312	3.18	−0.05	30.40	233	3.18	8.69	64.89
技术转让	157	2.18	92.13	20.83	204	1.13	17.69	23.13
技术咨询	226	2.29	974.44	21.85	42	0.21	−57.76	4.34

（续上表）

合同类别	2018 年				2017 年			
	合同数（项）	成交额			合同数（项）	成交额		
		金额（亿元）	增长（%）	占比（%）		金额（亿元）	增长（%）	占比（%）
技术服务	420	2.82	651.74	26.92	55	0.37	−15.12	7.64
合计	1 115	10.46	113.33	100.00	534	4.90	1.39	100.00

附表 25　2018 年广东省科研机构各类技术合同构成

合同类别		合同数		成交额		
		项数（项）	增长率（%）	金额（亿元）	增长率（%）	占比（%）
技术开发	合计	312	33.91	3.18	−0.05	30.40
	委托开发	288	37.80	3.00	11.33	28.70
	合作开发	24	0.00	0.18	−63.34	1.70
技术转让	合计	149	−26.60	2.18	92.39	20.83
	技术秘密转让	103	−44.02	0.80	1.30	7.67
	专利权转让	30	114.29	1.19	289.55	11.33
	专利申请权转让	3	200.00	0.11	2 073.98	1.04
	专利实施许可转让	8	100.00	0.04	23.62	0.37
	计算机软件著作权转让	4		0.01		0.10
	植物新品种权转让	1		0.00		0.01
	其他	8	700.00	0.03	2 056.00	0.31
技术咨询		234	444.19	2.29	974.44	21.85
技术服务	合计	420	663.64	2.82	651.74	26.92
	一般性技术服务	419	661.82	2.77	638.39	26.44
	技术培训	1		0.05		0.48
合计		1 115	108.80	10.46	113.33	100.00

附表26　2018年广东省科研机构技术合同知识产权构成

知识产权	合同数		成交额		
	项数（项）	增长率（%）	金额（亿元）	增长（%）	占比（%）
合计	1 115	108.80	10.46	113.33	100.00
未涉及知识产权	644	180.00	4.06	92.97	38.82
技术秘密	332	28.68	5.28	191.26	50.48
专利	53	96.30	0.63	46.39	6.06
生物、医药新品种	8	700.00	0.21	8 244.04	1.99
植物新品种	13	18.18	0.12	−53.54	1.14
计算机软件著作权	21	250.00	0.13	−55.06	1.26
设计著作权	44	4 300.00	0.03	2 739.42	0.24

附表27　2018年全省科研机构技术合同技术领域构成

技术领域	合同数		成交额		
	项数（项）	增长率（%）	金额（亿元）	增长率（%）	占比（%）
城市建设与社会发展	172	26.47	1.76	188.41	16.83
生物、医药和医疗器械	97	79.63	1.00	10.54	9.53
电子信息	217	161.45	1.98	84.92	18.95
新材料及其应用	38	46.15	0.57	74.61	5.43
新能源与高效节能	10	42.86	0.10	60.89	0.94
环境保护与资源综合利用	211	214.93	2.17	358.75	20.74
先进制造	12	50.00	0.91	1 124.98	8.69
现代交通	17		0.60		5.76
农业	341	125.83	1.37	15.83	13.13
合计	1 115	108.80	10.46	113.33	100.00

附表 28　2018 年全省科研机构技术合同社会—经济目标构成

社会—经济目标	合同数		成交额		
	项数（项）	增长率（%）	金额（亿元）	增长率（%）	占比（%）
工商业发展	119	−36.70	2.07	75.92	19.76
其他民用目标	175	464.52	1.67	550.80	16.00
环境保护、生态建设及污染防治	134	106.15	1.52	191.82	14.58
非定向研究	42	500.00	1.48	35 161.78	14.17
农林牧渔业发展	340	107.32	1.25	−3.06	11.99
社会发展和社会服务	189	372.50	0.70	128.08	6.67
基础设施以及城市和农村规划	38	3 700.00	0.68	59 407.15	6.54
卫生事业发展	57	216.67	0.49	−41.67	4.69
能源生产、分配和合理利用	15	25.00	0.47	159.45	4.51
地球和大气层的探索与利用	2		0.06		0.56
教育事业发展	3	50.00	0.05	−10.40	0.51
国防	1	−50.00	0.00	−97.88	0.01
合计	1 115	108.80	10.46	113.33	100.00

附表 29　2018 年全省科研机构技术交易计划类别构成

计划类别	合同数		成交额		
	项数（项）	增长率（%）	金额（亿元）	增长率（%）	占比（%）
国家科技计划	19	850.00	0.14	1 265.52	1.37
部门计划	2	0.00	0.22	238.98	2.08
省、自治区、直辖市及计划单列市计划	64	392.31	1.09	182.55	10.41

（续上表）

计划类别	合同数		成交额		
	项数（项）	增长率（％）	金额（亿元）	增长率（％）	占比（％）
地市县计划	46	360.00	0.32	261.32	3.02
计划外	984	94.08	8.69	99.61	83.12
合计	1 115	108.80	10.46	113.33	100.00

附表30　2018年全省技术输出机构成交额前40名

排名	卖方名称
1	华为技术有限公司
2	广东宜通世纪科技股份有限公司
3	广东省电信工程有限公司
4	广州环亚化妆品科技有限公司
5	广州品唯软件有限公司
6	广州市公路工程公司
7	广船国际有限公司
8	深圳市长亮科技股份有限公司
9	Neople，Inc.
10	本田技研科技（中国）有限公司
11	珠海格力节能环保制冷技术研究中心有限公司
12	深圳市览众科技股份有限公司
13	广州三星通信技术研究有限公司
14	汇丰软件开发（广东）有限公司
15	深圳市大疆创新科技有限公司
16	广州汽车集团股份有限公司
17	Futurewei Technologies，Inc.

（续上表）

排名	卖方名称
18	中船黄埔文冲船舶有限公司
19	广州产权交易所
20	广州文冲船厂有限责任公司
21	火烈鸟网络（广州）股份有限公司
22	深圳市赢时胜信息技术股份有限公司
23	Smilegate Entertainment，Inc.
24	Riot Games，Inc.
25	佳都新太科技股份有限公司
26	比亚迪汽车工业有限公司
27	平安科技（深圳）有限公司
28	广州广电运通金融电子股份有限公司
29	广东香雪精准医疗技术有限公司
30	广州市城市规划勘测设计研究院
31	深圳普瑞赛思检测技术有限公司
32	安利（中国）研发中心有限公司
33	Huawei Technologies Duesseldorf GmbH
34	珠海银隆新能源股份有限公司
35	北明软件有限公司
36	华南理工大学
37	金鹏电子信息机器有限公司
38	英伟达半导体（深圳）有限公司
39	广州汇量信息科技有限公司
40	意力（广州）电子科技有限公司

附表31　2018年全省国家技术转移示范机构名单

序号	地区	机构名称
1		广州中国科学院工业技术研究院
2		华南理工大学工业技术研究总院
3		广东省自动化与信息技术转移中心
4		广州技术产权交易所股份有限公司
5		广东省农业技术转移与扩散中心
6	广州	中国科学院广州能源研究所
7		广州博士科技交流中心有限公司
8		广州现代产业技术研究院
9		中国科学院广州生物医药与健康研究院
10		广东省微生物研究所
11		中国科学院广州技术转移中心
12		中山大学技术转移中心
1		深圳先进技术研究院工程中心
2		深圳市南方国际技术交易市场有限公司
3		深圳联合产权交易所
4		深港产学研基地产业发展中心
5		深圳清华国际技术转移中心
6		深圳市技术转移促进中心（深圳市技术市场促进中心）
7	深圳	深圳市南山科技事务所
8		深圳中科院知识产权投资有限公司
9		深圳大学技术转移中心
10		深圳市对接平台科技发展有限公司
11		清华大学深圳研究生院技术转移办公室
12		深圳市华创科技创新成果产业转化中心
13		广大康奈尔中美科技转移中心

（续上表）

序号	地区	机构名称
1		东莞华中科技大学制造工程研究院
2	东莞	东莞电子科技大学电子信息工程研究院
3		东莞中国科学院云计算产业技术创新与育成中心
4		东莞深圳清华大学研究院创新中心
1	佛山	中国科学院佛山产业技术创新与育成中心
1		中山北京理工大学研究院
2	中山	中山市工业技术研究中心
3		中山康方生物医药有限公司